万章智库

图解 带团队
一定要会管绩效
重新定义绩效管理

朱衍强　黎峻玮◎著

人民邮电出版社

北　京

图书在版编目（CIP）数据

带团队一定要会管绩效：重新定义绩效管理 / 朱衍强，黎峻玮著. -- 北京：人民邮电出版社，2019.3（2019.10重印）
（万章智库）
ISBN 978-7-115-49904-2

Ⅰ. ①带… Ⅱ. ①朱… ②黎… Ⅲ. ①企业绩效－企业管理 Ⅳ. ①F272.5

中国版本图书馆CIP数据核字(2019)第014993号

内 容 提 要

本书主要讲了团队绩效管理首先要明确团队（部门、岗位）要做什么（目标和计划），然后找到衡量工作做得好坏的标准（KPI 体系）并进行监测。在监测的过程中，考核者要掌握被考核者的绩效情况，对于做得好的要进行奖励（奖励机制），使其继续保持；对于做得不好的让其检讨，通过分析找出问题，并进行辅导、支持，促其改进，进而实现高绩效。

本书手把手教授读者如何建立团队目标与绩效指标和考核体系，让结果有标准、过程有规范、管理有制度、利益有相关、事实有依据，让绩效考核变得更加公平、公正、公开，帮助读者打造一支能够实现高绩效的团队！

◆ 著　朱衍强　黎峻玮
　　责任编辑　赵 娟
　　责任印制　焦志炜

◆ 人民邮电出版社出版发行　北京市丰台区成寿寺路 11 号
　　邮编　100164　电子邮件　315@ptpress.com.cn
　　网址　http://www.ptpress.com.cn
　　北京鑫丰华彩印有限公司印刷

◆ 开本：700×1000　1/16
　　印张：8.25　　　　　　　　2019 年 3 月第 1 版
　　字数：175 千字　　　　　　2019 年 10 月北京第 6 次印刷

定价：49.80元

读者服务热线：(010)81055493　印装质量热线：(010)81055316
反盗版热线：(010)81055315
广告经营许可证：京东工商广登字 20170147 号

如何使用本书

本书旨在为读者解决新生代员工的管理问题。为了提高阅读效率，建议您重点关注以下阅读工具。

1. 思维导图

本书有多张思维导图，其作为辅助阅读的工具，可以帮助您系统、深入、快速地了解以下内容：

新生代员工的特点和需求；

传统管理模式的问题；

传统管理模式与新生代员工之间的矛盾点；

新生代团队管理模式的变革和趋势。

2. 问题导入

书中每节都以一个故事情境导入关键问题，可以快速帮您锁定本节要解决的问题。建议您在阅读的同时，反思自身管理中的问题和困难，有针对性地寻找解决办法。

3. 举一反三

书中提供的团队管理技巧仅是抛砖引玉，如果恰好可以直接解决您的实际问题，我们不胜惊喜。同时，我们深知一万个团队有一万种现实问题，但能够真正有效地解决自己团队问题的办法只有一个：举一反三。如果您深入领悟书中提供的技巧、方法，根据自己团队的实际情况进行演绎、践行，必有收获。

思维导图

新生代员工的特点和需求

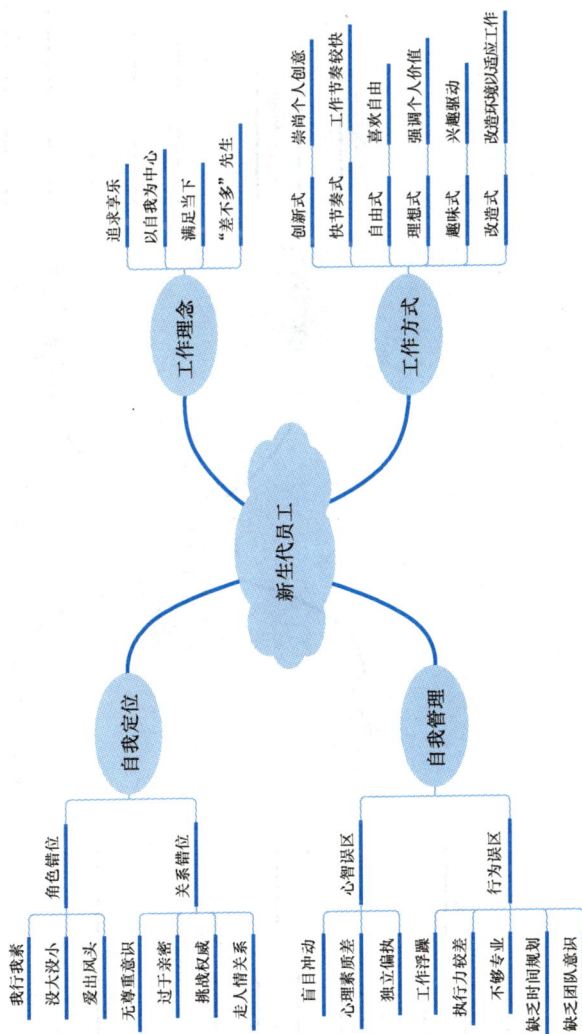

新生代员工

工作理念
- 追求享乐
  - 以自我为中心
  - 满足当下
  - "差不多"先生
- 崇尚个人创意

工作方式
- 创新式
  - 快节奏式 — 工作节奏较快
  - 自由式 — 喜欢自由
  - 理想式 — 强调个人价值
  - 趣味式 — 兴趣驱动
  - 改造式 — 改造环境以适应工作

自我定位
- 角色错位
  - 我行我素
  - 没大没小
  - 爱出风头
- 关系错位
  - 无尊重意识
  - 过于亲密
  - 挑战权威
  - 走入情义关系

自我管理
- 心智误区
  - 盲目冲动
  - 心理素质差
  - 独立偏执
  - 工作浮躁
- 行为误区
  - 执行力较差
  - 不够专业
  - 缺乏时间规划
  - 缺乏团队意识

传统管理模式的问题

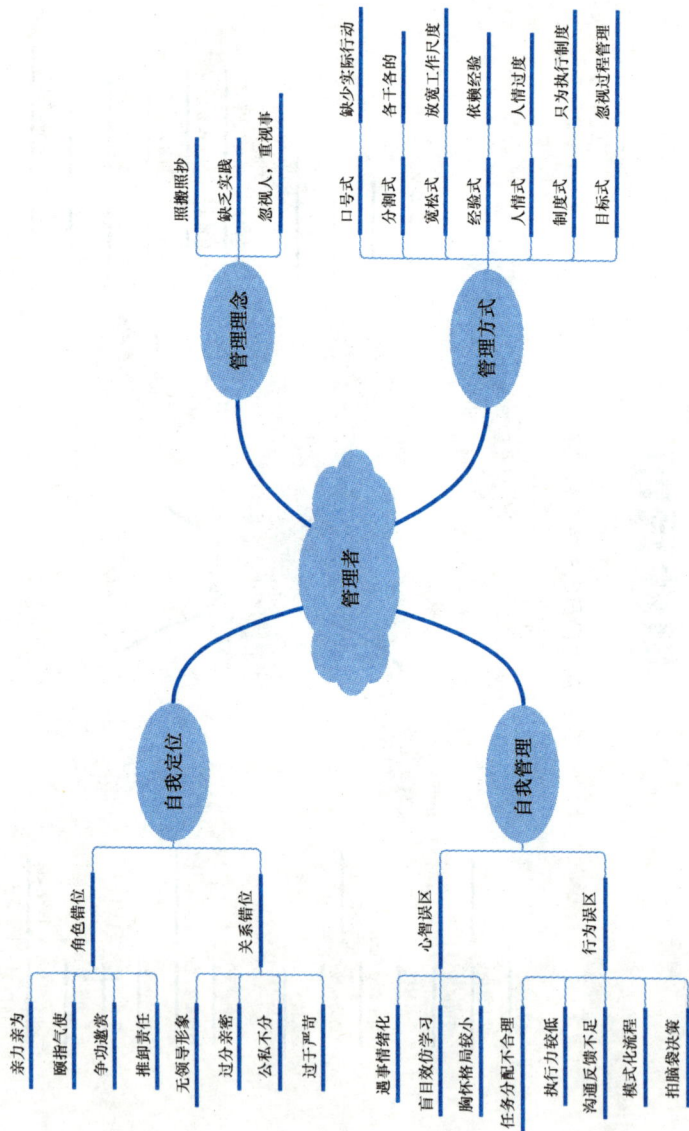

管理者

管理理念
- 照搬照抄
  - 缺乏实践
- 忽视人，重视事

管理方式
- 口号式 — 缺少实际行动
- 分割式 — 各干各的
- 宽松式 — 放宽工作尺度
- 经验式 — 依赖经验
- 人情式 — 人情过度
- 制度式 — 只为执行制度
- 目标式 — 忽视过程管理

自我定位
- 角色错位
  - 亲力亲为
  - 颐指气使
  - 争功邀赏
  - 推卸责任
  - 无领导形象
- 关系错位
  - 过分亲密
  - 公私不分
  - 过于严苛

自我管理
- 心智误区
  - 遇事情绪化
  - 盲目效仿学习
  - 胸怀格局较小
- 行为误区
  - 任务分配不合理
  - 执行力较低
  - 沟通反馈不足
  - 模式化流程
  - 拍脑袋决策

传统管理模式与新生代员工之间的矛盾点

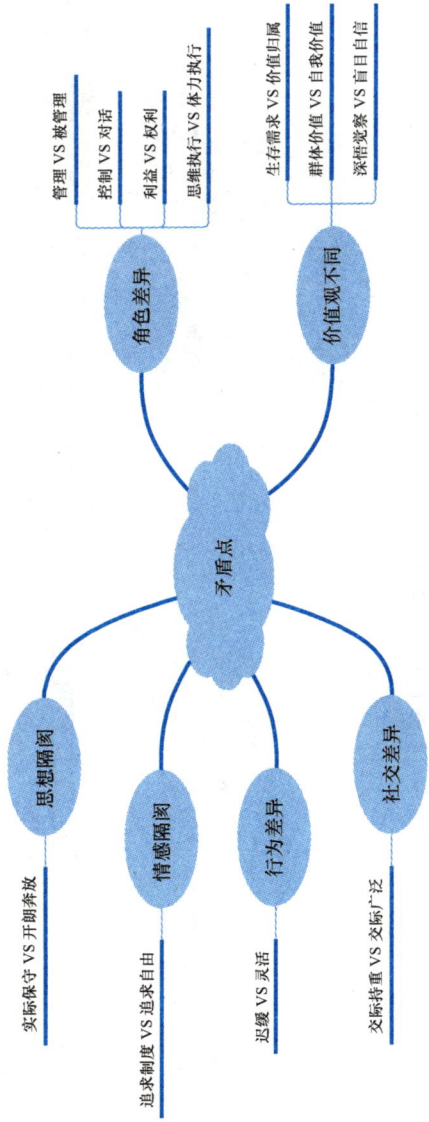

矛盾点

角色差异
- 管理 VS 被管理
- 控制 VS 对话
- 利益 VS 权利
- 思维执行 VS 体力执行

价值观不同
- 生存需求 VS 价值归属
- 群体价值 VS 自我价值
- 深语洞察 VS 盲目自信

思想隔阂
- 实际保守 VS 开朗奔放

情感隔阂
- 追求制度 VS 追求自由

行为差异
- 迟缓 VS 灵活

社交差异
- 交际持重 VS 交际广泛

新生代团队管理模式的变革和趋势

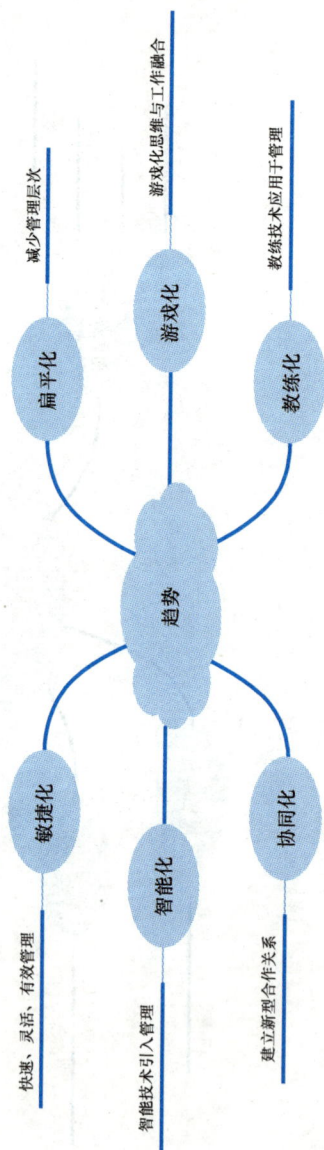

- 扁平化 —— 减少管理层次
- 游戏化 —— 游戏化思维与工作融合
- 教练化 —— 教练技术应用于管理

趋势

- 敏捷化 —— 快速、灵活、有效管理
- 智能化 —— 智能技术引入管理
- 协同化 —— 建立新型合作关系

人物介绍

章小万

女，1991年出生，一路从"销售菜鸟"成长为"销售教练"

性格活泼开朗，善于处理人际关系。在工作中，她的适应能力极强，做事积极主动，善于规划，有很强的事业心和进取精神。

申总

男，70后，销售副总

性格随和，与下属的关系很好，精明能干，具有很强的创造力，善于授权，能够给予员工充分的支持和帮助。

周总

男，80后，销售经理

性格稳重，为人有点固执，对自己和下属的要求都比较严格，做事严谨、雷厉风行，是个工作狂。

小鑫

男，1993年出生，章小万
的同事

小维

女，1992年出生，章小万
的同事

小旭

男，1996年出生，章小万
的下属

小睿

女，1997年出生，章小万
的下属

CONTENTS **目录**

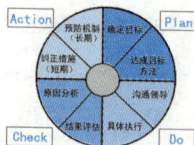

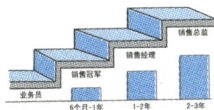

第1章

重新定义团队的绩效管理

带团队就是为了创造高绩效。不懂得绩效管理的管理者带不好团队。

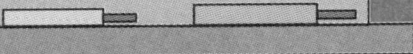

01 不会管绩效带不好团队

> 章小万向小维抱怨："工资不涨，能力也无法提升，感觉自己干不下去了。"小维在一旁点点头说："我和你的想法类似，干多干少都一样，每个月反正都是拿四五千元，没什么区别，这样的工作干着真没劲。"

管理者最大的价值就是带领团队做出高绩效，但是很多绩效管理工作在团队发展中成了"花瓶"，即虽然做了绩效管理，但是员工依然不知道自己要做什么、怎么做、如何才能通过自己的努力获得更高的报酬等。这种情况一旦出现，轻则员工抱怨、团队氛围不佳，重则导致员工离职。

对于这种现象，一些管理者将主要原因归为新生代员工渴望高报酬又懒得付出，他们认为这些人留下来对公司的发展也没有什么好处。但事实上，对新生代员工而言，他们的成就感不一定源于高报酬，更多地源于达成高绩效的内在动力。

怎样进行绩效管理？首先明确企业（部门、岗位）要做什么（目标和计划），然后找到衡量工作做得好坏的标准（KPI体系）并进行监测。在监

绩效管理过程

明确
要做什么　找到
衡量标准　绩效考核
和应用

测的过程中，考核者要掌握被考核者的绩效情况，发现做得好的要进行奖励（奖励机制），使其继续保持；发现做得不好的要让其进行检讨，通过分析找出问题，并对其进行辅导、支持以促使其改进，进而实现高绩效。

管理者的烦恼

团队运行困难。没有绩效管理，管理者就会陷入迷茫。他无法掌控团队的运行情况，并且无法确定团队的发展是否和之前的计划一致。

难以帮助员工成长。没有绩效管理，管理者很难了解员工的工作情况，不知道员工的表现是否正常，员工的能力是否得到了发挥，在哪些方面存在不足，是否需要给予帮助，如何才能支持员工成长等。

业绩没有增长。团队的最终目标是提升团队的绩效。如果没有绩效管理、没有具体的绩效计划和目标，业绩增长就成了一件很难办到的事情。

没有绩效管理的团队存在的问题

没有绩效管理的团队，管理者和员工都会陷入盲目的忙乱

　　团队的工作效率低。没有绩效管理的团队，大家表面看似工作非常忙碌，但工作效率很低。因为没有绩效管理，他们不能明确目标和方向，所有的忙碌都会成为徒劳。

　　员工对团队目标不认可。很多团队虽然有了目标，但是没有绩效管理，目标就成了一句空喊的口号，没有人认可目标，并为之努力。

员工的困扰

　　如何才能发挥自己的能力。没有绩效管理，员工即便有再强的能力，也不知道如何才能更好地发挥，更不知道做到什么样的程度，才能为团队贡献自己的力量。

绩效管理是一个系统的过程，每个环节都必须把控好。

　　自己的优势和劣势在哪里。绩效管理过程能让员工明确地知道自己的优势和劣势。但是没有绩效管理，员工连自己哪些方面能做好、哪些方面存在不足需要改进、如何才能改进等都一无所知。

　　盲目工作。没有绩效管理，员工不知道自己的目标是什么，但是又不能让管理者看到自己很清闲，于是他们看到别人忙，自己也盲目效仿。

　　权责不明。没有绩效管理，员工认为管理者掌控了所有的权力，并不知道自己有哪些权限和责任，于是做事情总有所顾虑，生怕越界。

02 团队绩效管理中的七大"魔咒"

　　为了提升团队的绩效，周总呕心沥血制订了一个业绩计划。计划会之后，小鑫在一旁说："周总就知道制订计划，是不是也应该告诉我们具体该怎么开始做啊？"章小万笑着说："这像我制订的减肥计划，就在计划表上写了'瘦十斤'但没具体内容。结果一年过去了，我不但没瘦，反而胖了十斤。"

　　绩效管理是团队管理工作中的有效工具，但是很多管理者并不知道如何运用这个有效工具，导致管理者在实施绩效管理的过程中，遇到各种各样的问题。这些问题就像"魔咒"一样困扰着他们，让他们的绩效管理"寸步难行"。

　　很多管理者像周总一样，为了做好绩效管理，煞费苦心地制订绩效计划，但是最终因为员工不知道如何做，而没有产生任何效果。出现这些问题的原因，正是制约团队绩效管理的七大"魔咒"。

企业绩效管理的核心不明确

　　绩效管理的核心无外乎两个。

为价值分配提供依据。依据绩效管理，管理者可以客观、公正地评价员工的绩效，为员工的价值分配提供依据。

作为管理工具。绩效管理是团队管理的工具，能够帮助团队解决绩效、薪资、晋升、奖金、员工工作积极性等方面的问题，并且还能够帮助团队寻找发展过程中存在的不足之处，并不断改进、完善团队管理工作。

管理者没有承担相应的责任

很多团队的管理者在绩效管理过程中存在以下情况。

放任不管。很多管理者制定绩效管理后，就认为管理工作已经结束了，于是开始放任不管，将其他事情交给员工，管理者只关注最后的结果。

推卸责任。在绩效管理的过程中，一旦出现问题，管理者会在第一时间找到负责相关工作的员工问责，很少反思问题是否出在自己身上。

团队绩效管理中的七大"魔咒"

绩效目标没有终点

绩效目标没有终点的原因有以下几点。

绩效目标过多。为了追求高绩效，管理者在制定目标时，经常制定很多绩效目标，而且目标之间没有轻重和主次之分。这种"一手抓"的方式，让很多团队连一个目标都难以实现。

绩效目标过大。很多管理者的野心大，希望一口吃成胖子。例如：团队一个月的业绩最多能做到 10 万元，但是管理者定了一个 50 万元的目标。可想而知，这种遥遥无期的目标只会让员工选择放弃。

绩效管理的问题就像"魔咒"一样制约着团队的发展。

忽视了团队的经营安全

单一财务指标。很多管理者评价员工绩效的高低，采取的还是单一的财务指标。例如：这个月回款多少、利润多少，忽视了其他业绩指标以及员工个人能力的成长。这种只看重短期利益的绩效评价方式，必然引发团队员工的行为短期化。

难以均衡长期绩效和短期绩效。很多管理者只看重眼前利益，他们会把所有的精力都放在短期绩效上，而忽视了长期绩效和团队未来的发展，导致两者难以平衡。最终，绩效管理必然走向失败。

一套指标无法牵引所有的员工

无法满足新生代员工的需求。新生代员工是具有个性化、多样化需求的一代人，他们喜欢追求有趣的、不一样的事情，而单一的指标显然无法满足他们的需求。

过于传统的指标没有吸引力。很多管理者在实施绩效管理时，设立的指标总局限于那几个。这对追求新奇、有趣的新生代员工而言，很快就会丧失吸引力。

绩效管理成了奖金细分的手段

一味地将绩效管理当成奖金细分的手段的后果有以下几种。

忽略自我成长。员工会因为一味地追求绩效奖金，忽略自己的成长。他们甚至可能为了奖金窃取他人的胜利果实，对团队文化产生负面的影响。

有效的绩效管理不仅可以帮助管理者有序管理，还能帮助员工明确工作职责，实现高效工作。

员工关系不和谐。一旦所有的绩效只和奖金有关，员工之间必然会出现明争暗斗，导致内部关系不和谐。

忽视了员工的参与

绩效管理是管理者的事情。许多管理者认为，绩效管理既然是管理，那就是和员工无关的事情，任何事情都应该由管理者说了算。

员工参与降低了自己的身份。在管理者看来，绩效管理是一件严肃的事情，让员工参与进来，显得不够严肃，并且降低了自己的身份。

绩效管理的本质：员工成长 + 目标达成

03

> 周总问章小万："你觉得我们的绩效管理制度怎么样？"章小万说："挺好的吧，大家都为了奖金努力工作。但是总觉得自己没有明显的成长，拿了奖金心里也不踏实。"

很多管理者在执行绩效管理时，只关注目标，忽视了员工的成长。他们认为只要绩效提升了，就意味着员工成长了，但是这两者并不能完全画等号。

很多时候，员工为了绩效会拼命加班，但这并不意味着其能力的提升。尤其是对知识型员工来说，他们的成长往往来自积累之后的思考和转化。然而，当他们把所有的精力都锁定在达成眼前的目标，甚至为了达成目标挤占大量的休息时间时，他们就不再有时间和精力去思考与转化，能力提升就变得非常缓慢。

对新生代员工而言，比起完成目标，他们更希望看到自己成长，看到自己身上的潜能。显然，管理者和员工就绩效管理本质的认识，存在一定的误差。管理者侧重目标的达成，而员工期待的是自我成长。所以，在新

生代员工时代，真正有效的绩效管理，其本质是员工成长+目标达成。如果只是强调目标，而忽略员工成长，再好的绩效目标也会失败。

从绩效反馈反思员工行为

对自身认识和未来发展不明确。阻碍个人成长的关键因素是员工对自己的认知不够，并且对未来发展没有规划。一个不知道自己的优势是什么，也不知道自己未来要往哪儿走的人，永远不可能获得成长。

缺乏岗位需要的知识和经验。缺乏相关知识和经验，会导致员工在工作中处处碰壁，阻碍个人成长。

态度不端正且缺乏信心。很多员工因为对绩效管理的认识不够，会对绩效管理抱着无所谓的态度，而且也会因为绩效管理的要求过高而失去信心。所以，他们遇到这种情况，通常会放弃对自己的要求，对待工作容易得过且过。

管理者要将"员工成长"纳入绩效管理工作

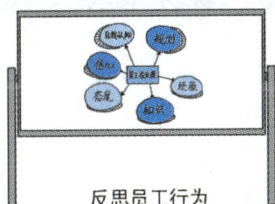

反思员工行为

反馈

提升

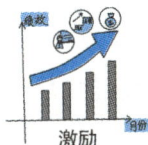

激励

完善

提供引导和支持

提供"自我成长"的引导和支持

将绩效结果反馈给员工，进行面对面的沟通。团队的管理者在绩效考核结束后，应该将绩效考核结果反馈给团队的每位员工，并进行面对面的沟通。对表现好的员工，要当面鼓励，并指出其在哪些方面还有进步的空间；对表现不好的员工，要让他们说明问题，并帮助员工分析，告诉他们在哪些方面存在不足、该如何改进等。

帮助并支持员工完善工作提升绩效。管理者在和员工沟通后，要引导员工寻找绩效提升的方法和目标，并将提升计划列入下个月的工作中。在

真正有效的绩效管理，其本质是员工成长＋目标达成。

员工提升绩效的过程中，管理者要实时跟进，确保员工的方向正确，并给予相应的支持。

运用绩效结果，激励员工成长。为了促进员工成长，最好的方式就是激励员工。那么，如何激励员工呢？最好的方式是将绩效结果运用到管理工作中，如增加工资、奖金与晋升，为员工提供培训机会等。

完善绩效管理，为员工的成长提供更好的条件。绩效管理需要在实践中不断完善和发展。管理者应该对绩效实施进行跟踪和检查，一旦发现问题要及时解决。否则，绩效管理不但不会促进员工的成长，反而会遏制员工的成长和企业的发展。

每个人都要承担绩效管理的责任 04

> 周总在周一的例会上说："这个月已经过去一半了，绩效目标却连 1/3 都没达到。从今天开始，所有人都要加班！"小鑫抱怨道："当初定目标的时候也没和我们商量，现在达不到反倒让我们加班，凭什么啊！"

　　很多人看到"绩效管理"这个词的第一反应，不是绩效，而是管理。说到管理，就认为这是管理者的事情，和普通员工没有任何关系。一旦管理工作出现问题，大家自然而然地认为这时候需要站出来承担责任的必定是管理者，甚至很多管理者也认为绩效管理是自己的事情，和员工没有任何关系。

　　仅由管理者承担绩效管理的责任，容易出现以下问题。

　　绩效管理者说了算，有失公平。管理者认为绩效管理是自己的责任，无论绩效高低都和管理者有关，而制定绩效目标、设计奖惩似乎也成了管理者的主观意识。这显然会让绩效管理失去公平性和透明性，让员工产生疑虑。

员工不担责任，绩效管理难以有效执行。员工认为绩效管理是管理者的事情，所以会认为无论出现什么问题都由管理者担着，自己不需要太在意。

增强员工对绩效管理的认识

将绩效管理的相关信息传递给员工。例如：管理者可以整理绩效管理对实现员工个人目标的作用，以文件的形式发到每个员工的邮箱，或者打印出来贴在办公区域，让员工深入了解。

和员工就绩效管理问题进行面对面的沟通。很多时候，邮件或者张贴出来的文件很难让员工主动了解绩效管理，他们只会把这个当成一项任务，随便看看。这时候就需要管理者和员工进行面对面的沟通，了解员工的想法，并向员工传递和绩效管理有关的信息，让员工深刻认识到绩效管理和团队的每个人都息息相关。

提高员工在绩效管理中的责任意识

增强认识　　　　　　　　加强参与

让员工参与到绩效管理中

让员工参与绩效目标的制定。传统的绩效目标由管理者说了算，得不到员工的认可，在出现问题时，员工自然会推卸责任。为此，制定绩效管理目标一定要让员工参与进来。例如：召开目标讨论会，分组讨论，最后确定、统一目标。

目标分解，落实到各成员身上。在确定了绩效目标后，下一步就是要将目标分解，落实到每个成员身上。只有这样，他们才知道自己在团队中的重要性以及对业绩目标需要承担的责任。

将绩效考核结果运用到绩效管理中，让员工有"绩效管理与自身息息相关"的紧密感。例如：将绩效考核结果与员工的奖金、薪资及晋升挂钩。

05 没有沟通与协作就没有绩效管理

> 　　章小万手中有个大客户很难谈妥。她听说小维曾经和那个大客户接触过，也许会掌握一些自己不知道的信息。于是，章小万找小维帮忙。小维却支支吾吾地说："我也没有很多他的信息，恐怕帮不了你。"

　　团队是一个通过团队成员的相互协作实现团队目标的组织。其中，最关键的就是沟通与协作。没有沟通，就谈不上协作，更谈不上绩效管理。所以，在绩效管理中，有效的沟通与协作是不容忽视的。

　　通常情况下，缺乏沟通与协作会导致以下问题。

　　导致管理决策失误。任何决策都需要收集大量的信息，但是如果在绩效管理中缺乏沟通与协作，管理者收集的信息将是片面、主观的，会导致决策失误。

　　激化内部矛盾。例如：团队中绩效比较好的成员在与其他成员一起工作时，很可能为了保证自己在团队中的地位，不把自己的方法和技巧告诉他们。也许表面上沟通了、协作了，但只是为了保证自己的绩效，并没有实现真正的沟通与协作。

无法了解员工的工作情况，难以提升绩效。与员工缺乏沟通，会导致管理者只能看到员工的不足之处，难以具体了解其整体情况。例如：员工虽然绩效不好，但是每次的任务完成都比较有创意，或许把他放到创意岗位上就会创造高绩效，而管理者如果与员工缺乏沟通，将很难认识到这一点。

建立沟通平台

面对面沟通。面对面沟通能使信息交换更顺畅，是一种有效的沟通方式。但是，面对面沟通存在的弊端是时间成本较高。

邮件。邮件沟通是比较传统的沟通方式，这种沟通方式能够详细地反映员工存在的问题。但弊端是管理者因为工作忙，难以给员工做出及时反馈。

线上聊天工具。在网络时代，无论是私下的社交还是办公，我们都可以用到线上聊天工具，常见的有微信、QQ 与微博。管理者可以建立一个团队内部沟通交流的 QQ 群或微信群，一旦工作遇到问题，员工就可以在里面进行反馈。管理者看到之后，会立刻想办法帮助员工解决问题。同时，团队成员也可以就该问题进行讨论，探讨解决问题的办法。

提高团队协作能力

建立沟通平台　　强调计划和记录　　及时总结反馈　　培养员工能力

强调计划和记录

明确目标和计划。管理者一定要让团队中的每位成员都明确自己的目标，知道自己需要负责的工作是什么，以及如何根据自己的时间合理分配工作任务。

记录。在工作过程中，要求员工实时记录自己存在的问题和工作进展。这样做能让团队成员在发现问题时及时沟通，并互相监督工作。此外，对个人来说，这也是一种积累个人经验的方式。

及时总结反馈

阶段性的总结回顾有助于发现新的问题，实现知识的积累。对团队而言，及时总结反馈也是向上级管理者展示成果，能够让管理者清楚地了解员工的工作饱和度、工作进展以及工作中遇到的问题，并及时提供帮助。

培养员工的能力

团队成员很多时候不愿意主动和别人沟通，不愿与其他成员协作，是因为自己能力欠缺，想帮也帮不上忙。为此，管理者要帮助员工提升工作能力，如提供专业知识培训、开展团队内部座谈会等。

高绩效文化是绩效管理的基因 06

章小万正在加班，小鑫走过来说："不要以为老板和你在做一个梦。你天天加班，不还是没有任何好处吗？做好该做的事就行了，不需要那么卖力。"

IBM 的前总裁郭士纳曾经说过："拥有高绩效文化的公司，一定是商业领域的赢家，而且该公司的员工对公司的忠诚度也很高，除了自己的公司不愿意到其他的公司。"可以说，一个拥有高绩效文化的团队，就好像其背后有一股无形的力量在推动团队的发展。

很多时候，甚至不需要管理者过多地操心，团队成员会自发地往前冲，为团队创造更多的价值。反之，团队内部就会出现像小鑫那样的员工。他们不会自发地努力创造绩效，反而会取笑那些绩效高的员工，认为他们是在帮别人打工，没必要那么拼。之所以出现这种情况，就是因为企业没有形成高绩效团队文化。

所谓高绩效团队文化，是指团队基于长远的发展目标，对团队战略、人力资源、财务团队建设等进行一系列有效的整合，并对绩效评价、考核

体系予以建立和完善，其核心价值观是追求优秀绩效。例如：NOKIA
的顾客满意、IBM的力争取胜和GE的追求完美，这些都是高绩效团队
文化。

能够清晰定义绩效目标和绩效管理方向

目标清晰。拥有高绩效文化的团队，管理者会让员工参与绩效目标的
制定，并清楚、准确地向员工传递目标信息。例如：下个月，团队中的每
个人要完成 1 万元的销售额，发展 3 个新客户，并维护好原来的老客户，
成交 5 单，即可完成任务。

个人目标与团队目标一致。管理者会将目标按照一定的逻辑顺序层层
分解到每位员工身上，让员工清楚地知道，团队的绩效目标和每个人息息
相关。当团队所有的成员明确认知自己在团队发展中扮演的角色时，那种

高绩效团队文化具有的特点

目标清晰一致

员工自发追求高绩效

快速响应市场变化

团队创新力强

誓死达成目标的欲望就会高涨。同时，由于目标清晰，员工会更加努力。

员工愿意为绩效目标负责，自发追求高绩效

积极性和主动性强。在高绩效团队中，员工的积极性和主动性会增强，为团队创造高绩效能够给他带来前所未有的成就感。

忠诚度和归属感高。在绩效管理过程中，团队成员会主动承担责任，自发向管理者提出适合团队发展的建议。此外，员工对团队的满意度和忠诚度都很高，整个团队的氛围也是活跃的、积极的、充满战斗力的。这样的高绩效文化，让团队管理变成了一件轻而易举的事情。

能够快速响应市场变化，并能够有效实行管理创新

团队成员的敏感度高。面对日益变化的市场环境，对企业团队来说，重要的不是改变，而是改变的速度。拥有高绩效文化的团队对外部环境十

高绩效团队文化的积极氛围可以唤醒新生代员工的热情，激发他们的工作动力。

分敏感，一旦外界发生变化，团队成员就能快速响应，并找到有效解决问题的措施。这样的高绩效文化，使团队每天都处于灵活多变的状态中，即便外界发生再大的改变也会临危不乱。

　　创新力强。 高绩效团队在面对外界变化时，善于并且敢于创新。他们能够控制创新的风险，并且管理者会鼓励员工大胆创新，提出不一样的想法。一方面建议一旦被采纳，管理者就会给予员工相应的奖励；另一方面为了规避创新的风险，团队对新的想法也会经过严格的层层考核，再运用到实际工作中。

管理者的决心：管理不狠，绩效不稳

07

> 章小万的一位同事因为表现优秀，最近晋升为团队主管。但是，自从当上主管后，他害怕因为晋升而疏远了与同事的关系，于是团队成员犯错时，他基本上睁一只眼闭一只眼，总是自己收拾烂摊子。一个月后，他发现团队成员工作散漫，不爱主动解决问题，最终导致整个团队的绩效直线下降。

管理者的决心，对绩效管理的成败有至关重要的作用。但是许多管理者因为对绩效管理的认识不够深入，在实施绩效管理时并没有什么决心。尤其是新晋升的主管，因为害怕和团队成员的关系变得疏远，总是碍于面子，对绩效管理采取得过且过的态度。

造成管理者这种态度的原因有以下几点。

新生代员工的个性强，难管理。很多新生代员工是家里的独生子，是从小被爸妈宠大的。所以在工作中，一旦管理者多说两句，很可能第二天就会收到辞职申请。

担心疏远关系。管理者本来就很难和新生代员工走到一起，如果管理

过于严格，只会让员工更讨厌自己、疏远自己，从而产生更大的隔阂。

多一事不如少一事。管理者认为只要他们达成我要的目标就行，其他的无所谓。但是这种无所谓的态度，也会让员工对绩效无所谓。

管理者对绩效管理得过且过的态度，很容易让新生代员工产生错误的认识。他们会认为绩效管理不过是形式主义，不必太在意。而许多管理者并没有意识到这一点的重要性，最终使绩效管理处于一个尴尬的位置。美国当代法学家哈罗德·伯尔曼（Harold Berman）曾经说："法律必须被信仰，否则会形同虚设。"同样的道理，管理者必须下定决心管理团队的绩效，否则就会出现"管理不狠，绩效不稳"的现象。

用人要"狠"

管理切忌过于感性。谁都不想当个"狠角色"，尤其是团队的管理者。因此，在遇到问题时，管理者为了顾及下属的情绪，往往会选择"放过"。

管理者要"狠"抓绩效管理

坚持原则

撸起袖子干！

做好表率

跟踪过程

奖惩到位

但是这种方式不但不能警醒员工，反而给了员工再犯错的机会，会给绩效管理工作增加很多困难。

要严格遵守规则。一名明智的管理者必须坚持原则，该处罚处罚，该奖励奖励。如果你碍于情面，降低了自己的标准，放低了对团队成员的要求，你的团队将会养出一些"老油条""小绵羊"。很多管理者认为这样做是通情达理、体恤员工，但实际上，这是对员工最大的不负责，只能助长他们的肆意妄为和懒惰。

决心要"强"

管理者做好表率。执行力是管理者表决心最好的方式，为此，在制订绩效计划后，管理者首先应该行动起来，进而带动团队成员。

法律必须被信仰，否则会形同虚设。
——美国当代法学家哈罗德·伯尔曼（Harold Berman）。

　　跟踪绩效管理过程。制定绩效管理体系后，关键的工作就是对整个绩效管理过程进行跟踪和检查。很多时候，导致绩效管理失败的根本原因是执行力不强，即对整个过程把握不全面、遗漏问题太多，使绩效任务难以完成。

　　奖惩到位。奖惩也是表现管理者决心的关键因素。遇到需要奖励的时候，管理者总觉得奖励太多损失了自己的利益；遇到需要惩罚的时候，管理者又觉得惩罚太狠会导致员工离职。其实只要严格按照奖惩规则进行奖罚，员工一定会心服口服的。

第2章

解锁密码：
如何带出高绩效团队

要想带出高绩效团队，首先要发现高绩效背后的秘密，并解锁密码。

01 密码一：建立明确的共同目标

章小万最近感觉很茫然，没有方向，管理者交代一个任务就完成一个任务。小鑫看着不对劲，问："你最近是不是天天泡酒吧啊，丢了魂似的。"章小万无奈地说："没有，我就是感觉每天都像个机器一样工作，浑浑噩噩地过着，感觉没劲。"

在带领团队的过程中，有一个让管理者百思不得其解的问题——明明制定了团队目标，但是执行力跟不上，甚至常常出现结果与目标相违背的情况。原因在于，虽然管理者制定了团队目标，但是目标不明确，且没有共同性。团队一旦没有明确的共同目标，就会导致员工觉得自己忙忙碌碌却毫无目标感。久而久之，无论管理者与团队成员多么努力，都难以实现高绩效。

拥有共同的目标对一个团队的发展而言至关重要。

方向作用：目标的制定为管理者指明了协调集体行动的方向，有利于引导并组织成员形成一致的行动。

激励作用：当员工明确了行动目标之后，才能调动自身的内在潜力，努力创造更好的业绩。

凝聚作用：制定明确的共同目标是增强团队凝聚力的基础，而凝聚力是一个团队精神的核心。

决策作用：共同目标是管理者决策的出发点，有利于帮助管理者在客观、合理的基础上做出管理决策。

很多管理者在带领团队的过程中，建立的目标往往只是自己的梦想。因此，团队成员难免会呈现这样的状态：你有你的梦想，我有我的想法。如此一来，必然会导致团队成员的行动步调难以一致、团队业绩难以提升。因此，要想带出高绩效团队，管理者首先要为团队建立一个明确的共同目标。

收集目标：了解每位员工的想法

探询目标：询问每个成员给自己设定的具体目标是什么。例如：这个

建立明确的共同目标

1. 了解每位员工的想法　　3. 明确团队的一致目标

共同目标

2. 将目标进行分类分析

月完成多少业绩、提升多少薪资、成交多少客户、每天完成多少工作量等。

目标建议：询问员工对团队的整体目标拥有哪些意见和建议。例如：你觉得我们团队制定的目标有哪些不好的地方，不好在哪里；有哪些好的地方，好在哪里？

目标统一：询问员工如何将个人目标与团队目标相统一。例如：你觉得你的个人目标与团队目标有共性和相通之处吗？你是否会把团队目标当作自己的目标呢？

分析目标：将目标进行分类分析

按部门分析。管理者可以将不同部门的目标进行归类。例如：销售部门的员工将目标定为创造高业绩、成交更多客户；科研部门员工的目标是实现个人成长、创造更多的社会价值。

团队一旦没有明确的共同目标，就会导致员工觉得自己忙忙碌碌却毫无目标感。

按等级分析。管理者可以将不同等级的目标放在一起，包括总经理的目标、各部门经理的目标、主管的目标等。例如：有的经理希望打造一支精英团队；有的部门经理希望带领团队创造高达百万元的年收入；还有的部门经理希望带领团队在所有部门中获得绩效第一名的成绩。

按目标种类分析。例如：管理者可以将获得高薪资的目标放在一起；将获得职位晋升的目标放在一起；将想要获得技能成长的目标放在一起。

明确目标：明确团队的一致目标

部门确定。例如：如果将销售部门员工的总体目标制定为创造高业绩、成交更多客户，那么最终销售部门的共同目标就可以确定为每个月创造 80 万元以上的业绩，卖出至少 500 件产品，每个员工结交 60 位客户。

等级确定。发挥各个等级的管理者的作用，利用他们制定的目标引导员工朝着一致的方向发展。例如：总经理综合、平衡团队内部成员的目标信息，最终设定下个月 1500 万元的业绩目标，平均每人每月需要创造 50 万元的业绩。

种类确定。例如：晋升目标、成长目标、高薪资目标，三者的共性就是创造更大的价值，而价值又需要通过金钱，也就是高收入水平体现，所以最终管理者可以将这些目标种类统一为创造高收入。具体来看，究竟是创造 20 万元还是 30 万元，创造 100 万元还是 200 万元的业绩，这都需要明确。

02 密码二：拥有共享机制和氛围

　　章小万需要制作一个PPT，但她并不擅长制作PPT。于是，她向团队中一个号称"PPT大神"的同事请教。没想到，那个同事居然用一句"我也不太懂"拒绝了她。

　　高绩效团队一定是由一个个优秀人才构建起来的团队。众多成员之所以凝聚在一起，不仅是为一个共同目标而协作，还出于对成员之间情感的维系。但是很多管理者在带领团队的过程中，只注重绩效，容易忽视员工之间情感的维系。

　　实际上，共同的目标和情感的维系是交织在一起的，因为完成共同的目标需要团队成员关系和睦、齐心协力，而共同目标的完成又能促进团队成员之间的情感维系。因此，在日常工作中，管理者需要引导团队成员建立"家庭式"的情感。只有让他们感受到这是一个"同呼吸、共命运"的组织，他们才会彼此高效协作、凝聚在一起。其中，让团队成员学会共享是至关重要的一点。

　　知识共享：通过知识的交流和学习，将个人知识转化为团队知识，有助于让团队实现快速而全面的成长。

资源共享：每个成员掌握的资源各不相同，资源共享是成功释放团队成员潜能的良好机制。各个成员的资源共享，更有助于整个团队工作任务的顺利完成。

成果共享：通过成果的共享，不但能够有效激发员工的工作动力，最大限度地调动他们的工作积极性，还能够让员工感受到企业的诚意及自身的价值，进而为团队创造更高的绩效。

推行知识共享，建立学习基地

鼓励员工分享自身的职业技能。例如：定期在企业召开培训会，管理者为员工分享专业知识和专业技能；定期开展老员工与新员工的交流会，引导老员工向新员工分享自身所学的专业知识和技能。

引导员工分享自身的优势与特长。例如：在团队分配任务时，鼓励员工根据自身的优势和擅长点，自主选择工作任务，最大限度地发挥每个员工的内在价值。

要有共享机制和氛围

知识共享

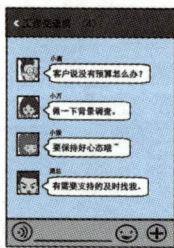

资源共享

成果共享

鼓励分享智慧经验。例如：每个月抽出半天时间召开团队内部座谈会、茶话会。主要内容是鼓励大家分享人生的智慧、经验，包括自身的成长轨迹、成长感悟、重要的人生经验等。

实行资源共享，为团队建立"加油站"

在团队内部建立工作群。例如：运用线上即时沟通工具建立团队内部的工作群。团队内部成员有任何资源上的需要，可以及时在群内求助，其他成员结合自身的资源情况提供帮助。再如，可以建立线下共享平台，定期在企业内部举办"共享资源会"。

设立资源共享鼓励奖。例如：设置资源共享鼓励奖，对那些愿意将自身资源共享出来的团队成员给予特殊的奖励，既在物质上奖励他们，又让

只有让员工感受到团队是一个"同呼吸、共命运"的组织，他们才会彼此高效协作、凝聚在一起。

他们荣誉加身，进而在团队内部形成"资源共享"的意识。

实行成果管理，让员工感受到企业的激励

团队财富的共享。主要体现在企业与员工的共享，例如：企业获得了很好的收益，也需要犒劳员工，包括为员工加薪、发放奖金、为员工发放礼品、生活用品等，或者给予员工一定比例的股份，让员工成为企业的合伙人。

员工成就感的共享。既可以体现在员工与员工的共享上，也可以体现在管理者与管理者的共享上。例如：给员工机会，鼓励员工在团队内部分享自己获得的成绩，包括员工在某项任务完成上取得的成果、突破的新纪录等。这样不仅能够让分享者获得自信和动力，还能够有效激发其他员工的积极性，促进团队内部形成良性的发展和竞争。

03 密码三：形成相互信赖的关系

　　章小万的一个同事在工作中喜欢独来独往，不喜欢和其他同事交流。周总安排团队协作完成的任务，他只负责完成自己的一部分，很少主动帮助其他同事，对团队中其他同事的技术和经验，他也经常表示不认同，常常因此和其他人产生冲突。

　　团队的最大作用在于通过团队成员之间的协作实现共同目标。然而，在实际的管理工作中，很多团队管理者发现，团队成员之间经常出现工作互相推诿、不愿意为同事提供自己职责以外的帮助、对别人的技术和经验不认可等问题，最终会导致企业无法实现真正意义上的团队协作，使管理者无法带出高绩效的团队。

　　那么，导致以上问题的主要原因是什么呢？其实是缺乏信任。对企业来说，缺乏信任是团队协作的第一大障碍。

　　很多新人刚加入团队时积极热情，恨不得马上和所有人都成为"铁哥们"。但是，慢慢的，当他们发现团队其他员工并不喜欢把个人关系放到工作中时，也开始像团队中的其他人一样，默默地做自己的工作，不

缺乏信任是团队协作的第一大障碍

和其他同事交流。当工作中出现什么问题，他们首先想到的不是如何解决，而是想方设法地掩盖，甚至把问题推到其他人身上。这些现象虽然在短期内没有造成太大的影响，但是长此以往，这样的团队注定是混乱的，是无法实现长久和高效发展的。

打通沟通渠道：让团队成员无缝连接

面对面沟通。例如：公司定期召开会议，鼓励团队成员充分沟通与交流，分别表达自己的看法；公司定期组织开展活动，让员工在娱乐互动的同时，也能够建立一定的情感联系。

通过线上平台沟通。例如：在企业内部建立工作群，管理者经常在群里活跃气氛，为员工提供一个交流互动的平台，鼓励员工进行互动。

在团队内部建立相互信赖的关系

打通沟通渠道

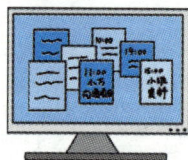

重视诚信价值

强调相互尊重

建立公正的制度

"口头问候式"沟通。例如：管理者每天进入公司都热切地和每个员工打招呼、问好。这样就会在团队内部形成问候文化，使员工在无形中也形成主动打招呼的习惯。

重视诚信价值：承诺的事情说到做到

答应别人之前，深思熟虑。无论是员工还是管理者，在答应其他员工的请求之前，都要慎重考虑，包括这项工作我真的有把握做好吗？我之前有没有成功的经验？如果要我做，我可以采取哪些方式来完成？思考完这些问题后，再决定自己是否可以答应他人。

答应别人之后，立即履行。由于每个员工每天都要处理各种各样复杂的事情，所以很可能导致刚答应别人的事情，转身就忘了。为此，员工需要养成答应别人之后立即行动的好习惯。当然，如果手头上有事情实在走

在团队内部建立相互信赖的关系，是打造高绩效团队的情感基础。

不开，员工也可以采取随时记录、设置提醒等方法帮助自己有效履行诺言，管理者对待员工也是如此。

强调相互尊重：维护每个人的"面子"

礼貌尊重。例如：对老员工和年长的员工需要用尊称；每天上班下班或者碰面时，要养成主动与同事打招呼的习惯。

面子尊重。例如：当员工出现错误，管理者需要指出、提醒时，不管是对新员工还是老员工，管理者都需要顾及员工的面子、控制自己的情绪、合理使用语言等。

情感尊重。关爱员工，让员工感受到真切的关怀。例如：在工作层面，要经常耐心、热情地为员工指导工作；在生活层面，要经常关注员工的身心健康、生活状态等。

建立公正的制度：实行透明化管理

建立统一的规章制度。例如：公司要求员工不得滥用职权、谋取自身利益，但是有的员工仗着自己是老板的亲戚在团队内部滥用职权，经常做一些逾越职权范围的事情。管理者面对这种情况，切不可睁一只眼闭一只眼，因为团队群体的眼睛是雪亮的，管理者必须一视同仁，这样才能在团队内部建立威信，员工才会引以为戒。

实行公开透明的制度。对于公司的一些决策规定、获得的利益成果等都需要公开。例如：将公开信息放到公司网站或公司的工作群中，更直接的方式就是张贴在公司的宣传栏上，供员工审阅和了解。

04 密码四：营造开放沟通的氛围

章小万很不喜欢开会，因为每次开会都变成了周总一个人的演说。周总虽然每次都会问大家的意见，但是每次章小万绞尽脑汁提出来的意见，周总也只是简单应付，从来不会采纳。所以在后来的会议上，章小万干脆就保持沉默了。

组织管理学家切斯特·巴纳德（Chester Barnard）认为："沟通是把一个组织中的成员联系在一起，以实现共同目标的手段。"可以说，没有沟通也就没有管理，没有沟通的团队称不上真正意义上的团队。于是很多管理者反复强调沟通的重要性，但是团队之间的默契和协作能力很难提升。

究其根源，是因为现在很多管理者强调的"沟通"，是传统的一问一答的封闭式沟通模式，这样的沟通模式只会让员工感到更加压抑。为了避免产生这种问题，管理者需要为团队营造一个开放沟通的氛围。开放沟通的氛围对团队来说，不仅是一种管理技能，还是一种团队文化。一般情况下，团队开放沟通的氛围体现在以下几个方面。

没有沟通就没有管理

　　让员工有话可说。员工拥有足够的时间讨论工作内容、工作进度以及工作中遇到的问题。

　　让员工有话敢说。员工敢于和管理者直接对话，有什么建议和想法都敢于及时表达出来。

　　让员工有话互说。员工与员工之间有积极的互动和交流，无论是在工作中遇到的问题还是在生活中遇到的问题，都能够成为彼此沟通的话题。

　　以上 3 个方面充分体现了一个团队开放沟通的氛围，并且对团队的发展来说，这种开放、透明的沟通氛围能够帮助管理者及时发现问题，迅速采取解决措施，避免工作中出现一些不必要的失败和阻碍。同时，营造开放的团队氛围，也能够为员工提供更多互动与交流的机会，在帮助员工提升工作效率的同时，建立高绩效的团队文化。

多向沟通：建立交换意见的渠道

　　鼓励员工之间交换意见。例如：在公司举行会议时，要求全员参与，

营造开放沟通的氛围

多向沟通

最近工作顺利吗？

无障碍沟通

自由沟通

并且给员工预留一定的讨论时间，允许大家交换意见，最后派员工代表将所有员工的意见综合在一起，评估与选择意见。

鼓励各部门之间交换意见。 例如：公司需要举办一场重大会议，那么具体由哪些人负责、每个部门具体负责哪些事情，管理者就需要鼓励各部门之间进行讨论，便于不同部门的成员互相了解、互相支持、互相协作。

无障碍沟通：实现员工与管理者之间的直接对话

建立亲切感，利用聊天的方式开头。 例如："最近工作如何？哪些方面做得比较顺利？哪些方面做得不太顺利？"这样的聊天方式相当于邀请员工分享他对工作的想法，同时也为管理者要说的话铺路，营造自然、轻松的谈话氛围。

尊重员工的话语权，先听后说。 例如：在一对一的情况下，管理者要

> 开放、透明的沟通氛围能够帮助管理者及时发现问题，迅速采取解决措施，避免工作中出现一些不必要的失败和阻碍。

做到先听后说。如果是召开会议，管理者可以先简述召开会议的目的，然后是会议时间，要仔细聆听员工的意见和想法。最后，在会议结束前，管理者总结概括员工们的意见，并对公司即将采取的做法做简要说明，并感谢员工们提供的宝贵意见。

自由沟通：实现员工之间的自由对话

为员工搭建自由沟通的平台。例如：以快乐工作为出发点，在企业内部开展丰富多彩的员工关爱活动。如开展一些"快乐分享会""员工对对碰"等活动，引导员工进行有效的沟通，加强员工之间的相互了解，从而提升团队的凝聚力。

为员工营造自由沟通的氛围。例如：管理者在员工工作之余，可以引导员工谈论一些有趣、放松的话题，有效缓解办公室压抑的气氛。

05 密码五：建立高绩效的标准

> 小鑫的绩效成绩一直很不理想。虽然他一直在坚持不懈地努力，但一切还是徒劳，绩效并没有提升。他很沮丧地和章小万说："高绩效只属于那些优秀员工，我感觉自己一点价值都没有。"

　　团队管理的主要目的是让普通的员工创造不平凡的业绩，充分发挥员工的优势与特长。天才员工总是罕见的，没有任何一个团队是依赖天才员工成长起来的，团队最终依靠的还是那些普通的员工，依靠他们通过自身的努力获取更好的绩效。但是很多员工在努力之后发现，努力只是徒劳，绩效仍然没有提升。其根源就在于团队管理者没有做好引导，员工努力的方向或者方法不对。

　　那么，如何引导员工获得更好的绩效？前提就是建立高绩效标准。高绩效标准是为每个员工服务的，它通过关注每个员工的优势和他们能够创造的价值，为每个人提供获得高绩效的机会，从而实现团队绩效最大化。高绩效标准在团队中的意义在于能够充分激发员工的动力，引导员工创造更大的价值。从某种意义上说，它也是一条行动准则，具体表现在以下几个方面。

没有高绩效的标准会导致员工劳而无效

团队关注的焦点一定是绩效。团队需要引导整个组织及个人养成重视绩效和创造出色业绩的习惯。

团队关注的焦点一定是机会而不是问题。管理者需要关注的是员工的优势和特长，以及他们能够抓住哪些机会，而不是关注他们存在哪些缺陷和弱点。

团队的决策一定要体现高绩效的价值观。员工的职务分配、薪资、晋升、降级，都必须体现高绩效的价值观和信念。

任务型组织：组织清晰界定高绩效

设定关键绩效指标。关键绩效指标符合"二八"原则，即一家企业在价值创造过程中，每个部门和每个员工 80% 的工作任务是由 20% 的关键性行为（处理主要工作的行为）完成的。也就是说，只要抓住了 20% 的关键性行为，就抓住了主体。而高绩效正是要关注员工这 20% 的关键

管理者要建立拥有高绩效标准的团队

- 任务型组织
- 高绩效文化
- 员工自我驱动

性行为，并将这20%的行为发挥出80%的效用。

分解企业目标。高绩效要求管理者将企业的战略目标分解成和员工息息相关的目标，让企业的目标成为员工个人的目标，即员工要明确地知道自己是谁、需要做什么工作、如何才能做好工作完成目标等。当整个企业的员工明确地知道企业目标和自己的目标后，对工作的态度就会变得更加积极，工作效率和业绩自然就会提升。

高绩效文化：建立追求高绩效的工作理念

坚持用数据说话。高绩效文化要求企业员工坚持用事实说话，例如：绩效考核需要坚持用数据说话，要使整个绩效管理过程实现量化。

高绩效标准在团队中的意义在于能够充分激发员工的动力，引导员工创造更大的价值能量。

开放式沟通。高绩效文化要求管理者建立沟通渠道，并鼓励员工表达自己的意见和想法。这样做能确保绩效考核的合理性和可操作性。

管理者带头实施。要想在团队中形成高绩效文化，管理者作为团队的榜样，首先要带头实施高绩效目标，即在工作中要时刻以高绩效的标准严格要求自己。

加强宣传和培训。高绩效文化的形成，需要一个漫长的过程。管理者需要通过长期的宣传、沟通和培训，让员工深刻地认识、了解高绩效文化，从而受到潜移默化的影响。

员工自我驱动：让员工主动追求高绩效

激励达到高绩效标准的员工。当团队某名员工达到高绩效标准后，管理者需要按照既定的奖惩制度，及时对该员工进行奖励。这样既能激励高绩效员工，又能让高绩效员工起到榜样的作用，带动其他员工。

设定"高绩效"红线。在绩效考核中，既要激励达到高绩效标准的员工，又要设定"高绩效"红线，给予没有达到标准的员工适度的惩罚。这种适度的惩罚，不但不会给员工造成很大的心理压力，反而会激励员工朝着高绩效标准努力。

06 密码六：倡导学习和成长

　　周总为了提高团队绩效，费尽了心思，但是绩效问题一直得不到解决。会上，章小万说："周总，绩效上不去，可能是因为我们本身能力欠缺，一口气也吃不成大胖子。"

　　很多团队存在绩效不高的问题，这也是诸多管理者一直头疼的问题。一些管理者认为绩效不高可能是员工自身的能力问题，还有一些管理者认为可能是员工的态度问题。当然还有一些管理者会反躬自问，是不是自身的管理出现了问题……

　　无论是员工的能力问题、态度问题，还是管理者的管理问题，都离不开一个关键点，即员工在团队中没有得到充分的学习与成长，因为员工的成长是推动团队成长的决定性因素。客观地讲，团队成员成长得越快，团队绩效提升得也就越快。尤其是对新生代员工而言，这种说法尤为准确。相对来说，新生代员工更注重成就感，更加关注个人的学习和成长。只要是能够满足他们的成就感、帮助他们学习和成长的工作，他们就愿意投入更多的努力。

因此，要想提升团队的绩效、帮助员工学习和成长、引导员工实现自我价值，获得成就感就显得尤为重要。这样，员工在努力为企业创造利润的同时，也能够满足自身的成长需求，对任何一方来说都是有利的。

将绩效标准与员工成长挂钩

绩效考核项目要能体现员工的成长。团队绩效考核项目，应该根据员工的成长标准来设定。例如：针对团队新员工，第一个月要求他完成基础业绩 8 万元，这样也让他有时间先学习、熟悉业务流程，找到销售门路。第二个月根据员工的表现，适当地增加，如果员工刚好完成 8 万元，说明他还有一定的潜力，可以给他设置到 10 万元。如果第一个月员工已经做到10 万元的业绩，那么就可以为员工设置 10 万 ~ 15 万元的目标。这样，员工才会有动力获得更多的业绩。

要倡导员工的学习与成长

绩效标准与员工成长挂钩

创造学习成长型团队文化

重视员工个人成长激励。例如：团队要求员工每个月完成 15 万元的业绩，其中有一个员工第一个月完成了 8 万元，第二个月完成了 10 万元，第三个月完成了 13 万元……虽然该员工每个月的绩效都没有达到最终目标，但一直呈上升趋势。这时候，管理者就要灵活应用绩效制度，根据员工的个人成长进行激励。这样，员工可能就会更有动力保持上升趋势。同时，管理者也能够借此例激励其他员工，虽然达不到目标，但只要努力进步，也会有绩效。

创造学习成长型团队文化

创建学习成长型组织。例如：定期开展培训会，为员工做职业培训，帮

无论是员工的能力问题、态度问题，还是管理者的管理问题，都离不开一个关键点，即员工在团队中没有得到充分的学习与成长。

助员工学习技能知识，提高员工的技能水平；再如，在团队内部建立一个学习小组，引导团队成员在小组中自主交流和互动，帮助员工获取更多的信息，从而帮助其实现快速成长。

成为员工的教练。例如：在工作的过程中，管理者要实时跟踪员工的成长轨迹，精心为员工设置阶段性任务，从易到难，逐步培养员工的能力。此外，还可以赋能授权，将一些有挑战性的任务交由员工处理，让员工拥有充分的发挥空间。

倾听员工的职业发展目标。例如：定期与员工交流，包括员工的成长与收获、接下来的发展方向、制定的具体目标等。根据员工自己的成长规划，调整对员工的培养方向。如果员工想要晋升为经理，那么就需要为员工指明方向、提供一些建议，如晋升条件。如果员工的职业发展目标是想获得更多的成长、创造更多的价值，那么管理者就要根据员工期望得到的成长，为员工设置一些有价值、有挑战性的任务。

根据员工表现，对员工的弱项进行培训。例如：团队中有一个员工的业绩忽高忽低，高的时候可以取得第二名，低的时候在倒数几名里。经过分析，原来是和项目类别与客户类群有关系。这个员工只擅长与大老板、中层管理者等客户群体交流，和普通客户交流起来，分寸感拿捏不好，所以公司项目只要是以普通客户为主的业务，他的成交率都很低。这时候管理者就需要针对这种情况，对他进行培训，加强他与普通客户的交流，帮助他创造更多的业绩。

07 密码七：敏感管理，快速反应

> 月初时，周总承诺月底给业绩突出的员工发丰厚的奖金。对此，章小万很期待。但是，发工资的时候，章小万仅仅拿到了500元，心里感觉憋屈。周总说："这是公司一直以来的考核制度，我也想多给你们奖励，但是我要遵守制度。"章小万和同事抱怨道："难怪公司一直发展不前，毕竟管理者还在遵守'五百年'前的制度。"

　　很多企业的绩效管理存在这种问题：绩效考核制度僵化，管理者难以根据公司的具体变化灵活反应；绩效考核形式化，管理者不能根据员工的具体表现做出及时的反馈与激励……这些都会在一定程度上导致团队绩效考核不合理、不公平，最终团队内部可能会随之出现一系列的矛盾。

　　如何有效避免这一系列问题发生呢？最好的办法是实行敏感管理，帮助团队快速做出反应。从团队的长期发展来看，绩效管理是一个动态变化的过程，它强调团队的不断调整、改进以及超越。这就意味着那些固定的、片面的、静止的绩效管理，很容易导致团队的绩效管理陷入僵化、反应慢的陷阱。

　　亚马逊kindle团队的负责人说，kindle团队对于意外的发生，是随时随地做好准备的。因此，一个高绩效的团队要时刻具备敏感管理的思维，

做好迎接一切挑战的准备，以便在任何突发情况下都能快速反应，立即找到解决问题的办法和补救措施。

协调团队关系，实行透明管理制度

团队内部沟通及时。在企业中，经常存在一些由于沟通不畅，绩效管理出现问题的现象。在这种情况下，管理者就应该协调团队之间的关系。例如：在团队接到大项目时，与团队成员商量，经过沟通协调一致，确定计划并开始执行。

团队内部绩效评价公开透明。很多管理者认为绩效考核是一个很敏感的问题，因此选择对评价方式和评价结果不予公开。实际上，这种不公开的形式，在一定程度上制约了团队快速针对绩效问题做出反应的能力。例如：一些员工质疑工作绩效存在不公平的问题，于是在工作中丧失了积极性。如果管理者能够将公司的绩效评价公开，发到每个员工的邮箱，或者在每个员工的工资条上注释说明。那么员工就会知道自身在绩效考核中获得

要实行敏感管理

沟通及时

绩效评价公开透明

时刻关注业绩提升

实时优化绩效管理流程

了多少分，应该得到多少奖金以及还有哪些方面有待提高等。这样，员工才能够及时对自己存在的不足做出调整和改进，最终促进组织和个人绩效的提高。

实时跟踪绩效管理，不断优化流程

时刻关注团队发展和个人绩效的提升。先为团队和个人设置明确的努力方向，然后在执行的过程中，通过绩效辅导，及时发现每个员工在工作中存在的问题，为员工提供必要的工作辅导和资源支持，进而保证员工绩效目标的实现。

绩效管理流程优化。现在很多企业还存在绩效指标过于烦琐或过于单一的情况，导致绩效管理无法发挥实质性的作用。所以，管理者需要积极学习新的绩效管理方法，另辟蹊径，而不是停留在原来的绩效管理系统。例如：管理者可将整个企业的工作岗位进行分类，学习那些成功企业的管理方法，针对不同部门制定灵活的绩效管理方案。

密码八：胜似一家人的凝聚力 08

> 周一上午，周总急匆匆地走进办公室，给大家布置了一个紧急的任务，需要在两天之内完成。然而，因为在任务执行过程中，大家都"各自为政"，最终导致任务失败，整个团队连带周总都因此受到了严厉的惩罚。

任何一个团队的强大，依靠的都不是单枪匹马的个人力量，而是整个团队的力量。团队凝聚力是一个团队对成员的吸引力，也是成员对团队的向心力。在团队中，团队凝聚力不仅能够为企业创造更多的绩效价值，维持团队的生存和发展，还能有效激发团队成员的潜能，唤醒员工渴求进步、争先创优的愿望。

如果一个团队没有强大的凝聚力，就会存在以下几个方面的问题。

推诿。工作出现问题，员工互相推诿，不愿主动承担责任。

逃避。遇到复杂、有挑战性的问题，员工纷纷逃避，不愿意主动接受任务。

冷漠。当员工在工作中需要帮助时，其他员工袖手旁观，没有伸出援助之手。

团队没有凝聚力的表现

推诿

冷漠

逃避

分离

分离。在公司分配目标后，大家就会各干各的，很少沟通交流，更不愿主动与其他员工协作，导致了团队内部的分离。

以上问题都会导致团队成员在实际工作中孤军奋战，不能很好地完成管理者安排的任务。久而久之，不仅员工个人无法实现快速成长，整个团队也会失去战斗力。因此，要想打造一支充满战斗力的团队，就应该在团队内部打造出胜似家人的凝聚力。这样，整个团队才会向共同的方向努力，才能产生 1+1 > 2 的效果。

目标凝聚：引导员工朝着共同的方向前进

制定共同的目标。例如：制定企业总目标，实现企业年收入 100 亿元，帮助每个员工实现有车、有房的愿望；制定共同的月目标，每个月每个团

打造胜似一家人的凝聚力

目标 + 情感 = 凝聚力

队创造500万元的业绩。此外，管理者还要鼓励员工采取共同协作的方式完成企业的总业绩。这样，在共同的目标下，员工的士气就能够被充分激发，从而向一致的方向努力。

塑造共进退的团队文化。例如：每当团队成员共同完成任务时，就带领员工一起出去聚餐、庆祝，塑造一种同甘共苦、同进同退的团队文化，让员工积极参与其中，为了共同的利益和团队目标而奋斗。

情感凝聚：满足员工的情感需求

关心员工的生活变化。例如：周一上班，发现某员工换了新发型，管理者可以借此赞美员工，并引导其他员工表明一致的看法。不过需要注意的是，赞美需要真诚得体，避免产生适得其反的效果。

关注员工的成长变化。例如：与上个月相比，员工这个月无论是工作态度还是工作成果都有了很大的进步。这时，管理者就要赞扬和肯定员工的这种变化，同时也可以采取一些实际的物质奖励，让员工感受到工作带

团队凝聚力是一个团队对成员的吸引力，也是成员对团队的向心力。

来的成就感。这样，员工接下来也会更乐意、更有动力地工作。

关注员工的情绪变化。例如：员工最近工作不在状态，情绪低落，在工作中经常分心、出错。这时，管理者需要做的不是斥责员工，而是主动关心和问候员工，引导员工合理控制自身的情绪，同时也为员工提供一些力所能及的帮助，如倾听员工的心里话、给员工放一天假或者给员工一个拥抱。这些都能让员工感受到管理者的人情味，让员工更愿意把团队当成自身的避风港。

给员工准备惊喜。例如：记住员工的生日，在员工生日那天为员工准备生日蛋糕或生日礼物；记住员工的喜好，根据员工的喜好选择合适的礼物，然后在员工表现优秀时当作奖励送给员工。

加强团队的内部沟通。例如：在团队内部经常开展互动小游戏，鼓励员工积极参与，让员工在快乐的氛围中产生更多的交流；在团队内部组建线上交流会，不管是生活上的问题还是工作中的问题，大家都可以自由讨论，有趣的事情也可以及时与他人分享。这样能够有效缩小团队成员之间的心理距离，让大家感受到团队的温暖和向心力。

第3章

目标地图：
设定有挑战性的一致目标

创造高绩效的前提是，团队成员需要齐心协力地向同一方向努力。而绘制目标地图，设定有挑战性的一致目标，能给员工指明努力奋斗的方向。

01 目标管理塑造团队未来

> 周总在管理者面前定下了一个很高的绩效目标。回到团队后，他直接将目标任务量平均分给团队成员，并严格命令他们定期完成。结果发现，大家不但没有达成既定目标，而且绩效比以往还要低。

什么是目标管理呢？目标管理是一种通过目标控制实现自上而下管理的方法，是一种把个人需求和团队目标结合起来的管理方法。在团队中使用目标管理不仅能调动团队成员的主动性和积极性，还能极大地激励团队成员为实现目标而努力，使团队成为一个高绩效团队。

在目标管理方面，Google 做得非常成功。Google 还是一家小型企业时，就开始使用 OKR（Objectives and Key Results，目标和绩效结果）进行目标管理。在 Google，每个人月初都会在 OKR 板上写下自己当月的目标，而且目标完全公开，在月底，每个人会对自己的目标完成情况进行打分，完成是 1 分，未做是 0 分，未完成则是在 0 ~ 1 打一个分数。很少有人得 0 分，更没有人一直得 1 分。如果一个人一直得 1 分，就说明他总是给自己制定简单的目标。如果一个人一直得 0 分，就说明他制定的目标或他的

工作方法有问题。

Google 的目标管理不仅实现了全员参与，而且在实施过程中非常民主且具有激励性。因此，Google 才成了世界知名企业。而周总没有征得大家的同意，私自为团队制定绩效目标，甚至还不根据员工实际能力，将绩效目标任务量平均分配。这就是一个团队的管理者不懂目标管理的表现。

目标的制定是明确、一致的，并具有一定的挑战性

目标是明确的。明确的目标具有细节化、客观化的特点。定下明确的数字、日期和时间，确保目标是可测量的。例如：你想提高阅读水平，这是一个主观化的目标，不够明确。明确的目标应该是在 1 年之内阅读 10 本书，并做好阅读笔记。

目标是一致的。一致的目标要满足以下要求：和团队成员充分交流，统一所有意见，达成共识，制定一个大家都认可的目标；管理者在分解目

管理者要实行目标管理

标时，要充分落实每个分目标，且分目标是为总目标服务的。

目标是具有挑战性的：除了明确的目标，还要制定一些看似不可能实现的目标。如果一开始制定的目标就是能成功的目标，那么员工就不会有较高的积极性和创造力。例如：Google 团队的成员设定的目标看上去都是不可能实现的，然而他们会去挑战这个目标。因此，Google 团队的成员每个月给自己的成果打分都是 0.6 ~ 0.8，很少有人能达到 1。

目标的执行要有效跟进

目标管理只有在跟进的情况下，才能让员工更主动、更积极，从而产生相应的管理效果。

跟踪完成目标的主要因素。管理者在给团队成员制定目标后，要做到有效跟进，确认每个分目标都有明确的主体执行，跟踪完成目标的主要因素，确保目标的顺利完成。

目标管理是一种通过目标控制实现自上而下管理的方法，是一种把个人需求和团队目标结合起来的管理方法。

定期检查目标完成的进度。定期检查的目的是在成员遇到问题时能及时发现并帮其解决，同时借助问题对绩效目标进行反思，做出相应的调整方案。

目标达成后要及时奖励

当员工完成指定的目标后，公司要及时对其进行奖励。奖励发放得及时，不仅要说明对员工表现的满意，而且要对其他员工起到鼓舞的作用。例如：Google 团队之所以会吸引很多优秀的人才，不仅是因为公司的管理方法得当、工作环境优越，而且是因为公司对员工的奖励发放及时。员工完成了目标后，Google 总是会及时发放奖励。因此，Google 的员工在工作方面总会有很多创新。

02 自上而下设定有挑战性的目标

> 周总让每个人按照自身情况制定具有挑战性的工作目标。章小万担心，如果目标设定得太有挑战性，自己完不成的话，就是自己挖坑自己跳了，得不偿失。

目标的制定，一般分为自下而上和自上而下两种。周总采取的方式是自下而上，以这种方式制定的目标是有所保留的目标。因为每个人在制定目标时都是以自身能力的 80% 或 100% 来制定的，而对自己没有信心的人，会制定更低的目标。这种方式不仅不利于个人和团队实力的全部发挥，还会对企业制定战略目标造成很大的困扰。

在设定有挑战性的目标时，最好采用自上而下的方式。自上而下制定的目标是从全局出发，然后逐级分解的。这样制定出来的目标是从终极目标反推出来的，使下级目标成为上级目标的一个分步骤。同时，以这种方式制定的目标给人一种清晰感，让员工自身和团队要实现的目标一目了然。

建立全局目标牵引系统

只有全局目标清晰，管理者设置的目标才有长远的计划性。例如：管

理者制定目标时，要考虑团队当前的发展情况和团队员工的实力。不能制定低于员工能力的，也不能超能力范围太多的目标，否则都不具备牵引力。

强调管理者的参与

管理者自上而下设置有挑战性的目标并不意味着目标设定出来，由员工参与完成就好。在这个过程中，管理者需要明确自己的责任，对于自己制定的团队目标要全程参与进来。这样做不仅能督促员工完成，而且还能从中获得经验，归纳出自己在目标制定上的不足，为下次的目标制定积累经验。

整个目标的设定是切合实际的，可衡量的

在设置有挑战性的目标时，要确保这些目标能实现，但是也要有难度，要让员工"跳一跳"才能够得到。例如：以团队成员的能力，每个月能完成 12 万元的业绩目标，那么，为了激发员工的潜能，可以将目标定为具

自上而下设置有挑战性的目标要注意的事项

有挑战性的14万元。

允许员工提不同的意见

目标虽然是管理者制定的，但目标的实施者是员工。因此，员工的建议和意见也要重点关注。如果管理者和员工没有共识，即便目标制定出来了，员工也是茫然、被动的，那么绩效也就没有内驱力了。所以管理者制定出有挑战性的目标后，要鼓励员工提出不同意见，对于合理的意见要积极采纳，并给予相应的奖励。

鼓励员工自主设定目标 **03**

　　每个月都是周总定目标，团队成员只要努力达成就好。小维渐渐觉得自己的发展受到了限制，没有机会更好地突破自己，因此对工作越来越提不起精神。

　　在传统管理模式中，管理者是占据主导地位的。但是随着时代的发展，管理者也要意识到新生代员工思想活跃，对于一板一眼的分配式的工作方式已经心生厌倦了，这无法调动其积极性。为了改变这种情况，管理者要充分调动员工的积极性，鼓励员工自主设定目标。

　　自主设定目标的优点如下。

　　更有动力。比起管理者设定的目标，员工在自主设定的目标上更有干劲和动力。

　　自我管理。新生代员工往往能力强，但是有拖延症，缺乏自我管理能力。而自主设定目标，能给员工一定的自我约束力，让员工更好地进行自我管理。

刻板地执行上级制定的目标
会让员工心生厌倦，对工作丧失热情

引导员工自己制定目标

虽然让员工自主设定目标能有效发挥员工的潜能，增强员工工作的积极性和自主性，但新的问题是，员工自主制定的目标可能不是完全适用于其自身的。这就需要管理者进行引导，通过设立三级目标，让员工进行考量。

基础任务：这就相当于原先管理者每天安排的基本任务，员工是能完成的。基础任务保证了员工每天工作的有效性。

超越任务：员工在完成基础任务后，管理者可以引导员工制定更高的目标。与管理者制定的目标相比，员工更愿意达到自己设定的目标。

挑战任务：当员工的能力有了很大的提升，保质保量地完成了任务，向挑战任务进发时，管理者要对员工的工作成果进行嘉奖，肯定员工的工作成绩和工作能力，促使员工的工作目标产生质的飞跃。

鼓励员工自主制定目标

个人目标和团队目标要紧密结合

个人目标是为团队目标服务的。例如：团队目标是 100 万元，那么员工在设定目标时就要以这个作为根本进行自主设定。

个人目标和团队目标要有效统一。团队目标需要依据市场的变化有所变动，这时候就需要个人目标随着团队目标的变化做出相应改动。例如：一家企业的产品营销方案随着市场变化而变化时，营销部门的团队目标就要随之变化，该部门员工的个人目标也要随之变化。

对员工的个人目标进行跟踪、审核

员工在设定目标时，主要考虑其自身。因此，他制定的目标可能不符

管理者设定目标，然后一板一眼地分配下去，员工只负责执行的工作方式，容易让新生代员工厌烦。

合总体目标，又或者他可能存在对自身认知不够清晰等问题而导致目标难以完成。那么此时，就需要管理者对他设定的目标中的不足之处提出修改意见，然后双方通过沟通确定最终要实现的目标。在跟踪、优化员工目标设定的过程中，管理者需要注意以下问题。

个人目标是具体的、明确的、可量化的：只有员工设定的目标是具体的、明确的、可量化的，管理者才能考察员工每天的工作量和工作内容，考察工作进度是否在合理的范围内，把握整个工作的范围。

要定期反馈：一方面，员工要向管理者定期反馈工作进度；另一方面，管理者也要就员工反馈的工作提出具体的意见和建议，使整个计划有效地完成，避免出现方向性的错误。

公开目标，建立共识 04

> 章小万每次在完成任务时，都感觉是一个人在战斗。她不知道自己是否跟上了团队的进度，也不确定还需要完成多少工作任务才能达成目标。所以，在工作中感到很茫然、没有方向、没有动力。

管理者在制订计划后，往往会陷入这样的误区：他们觉得既然每个员工都有了自己的工作安排，照常进行就可以很好地完成工作任务。现实情况往往是，员工在完成目标的过程中，随着时间的推移，很可能会忘记最初的目标，让自己的工作变得毫无头绪。

他们甚至在一开始，就没有将个人目标和团队目标达成一致，以至于在目标推进的过程中会发现，个人目标与团队目标存在冲突。另外，员工之间也不清楚对方的工作安排，因此无法形成有效的监督，最终这些问题都会反映在绩效水平上。

"墙化"公开，将你的目标可视化

管理者可以鼓励员工把有关自己目标的图片贴在自己能随时看得见的

缺乏共识的目标让员工陷入迷茫

地方，如桌面上或墙面上，把自己的注意力集中到目标上，从而有更大的工作热情和更强的紧迫感，促使员工加速进入工作状态。

另外，员工之间可以通过张贴目标的方式看到对方的工作进度，员工之间还能就工作进度或遇到的问题进行讨论，并且相互监督。此外，管理者可以通过公布目标，让员工随时了解目标方向，明确自己每天的工作任务。在墙上张贴目标时，可以用图片或表格的形式，尽可能地让目标和每天的任务一目了然，使之清晰、简洁、客观、公正、透明化。

线上公开，有目共睹

很多线上协同工作工具中的任务提醒事项，或番茄时钟 App，都会让员工更专注于自己的工作。此外，管理者可以提倡员工写工作日志、这样，员工可以每天进行工作总结，让回顾变得简单，而且可以帮助管理者随时了解团队近况。

例如：365 日历可以将每天的工作计划具体到某个时间节点，也可以标记重要的工作日；小贴士可以自我提醒每天需要格外关注的事项；为了

公开目标，达成共识

使目标得到有效的公开，管理者可以创建群组日历，把团队成员拉入一个群，让成员通过这种方式，互相查看彼此的日历安排和每天工作的完成情况，进而进行有效监督和管理。

日常例会公开，自我追问

管理者有时需要处理众多繁杂的事情，不能每天都一一查看员工的工作目标及安排情况。因此，管理者可以让团队成员汇报目标，时间保持在两分钟之内，主要把自己的任务完成情况和大体感受做一个总结。像这样的工作报告可以一个星期进行两次，星期三和星期五各一次。让员工进行口头报告：一方面，可以在一定程度上减少管理者的工作量；另一方面，口头公开对员工来说就像一个口头承诺，员工在公开目标时会自我反省、自我追问，从而使目标的完成达到良好的效果。

05 将目标分解为可直接执行的任务

> 　　周一例会上，周总说："上个月我们团队达成了80万元的绩效目标，所以这个月要做到120万元。"话音未落，小维就说："120万元太多了吧？根本不可能完成。"周总接着说："我们团队一共有10个人，分摊下来就是一个人一个月12万元，一天就是4000元。我们签订一单生意最低5800元，也就是一个人一天只需要签订业务量最低的一单合同就可以达成目标。你现在认为能不能完成呢？"

　　一个团队的发展要有明确的目标，目标是用来激励员工更好地工作的。但目标的制定需要智慧，如果设置的目标让员工觉得是天方夜谭，他们可能望而生畏而踟蹰不前。这样明显会降低员工的执行力和主动性，导致任务最终无法完成。

　　在设定目标时，需要巧妙地把一个看似不大可能实现的目标分割成一个个容易执行的小目标。这样不仅能降低目标的完成难度，还能让团队保

持激情，最终通过达到这些小目标实现最初制定的大目标。

树状图分解方法

树状图分解方法，就是将要达成的目标层层追问、层层分解，在分解每层时，推出完成目标的必要条件，然后再对这层的必要条件进行拷问，推出完成下一层目标时需要什么条件，直到最后无法再分解出小目标。

第一步：写出你的核心目标。即你想达到什么样的结果？

第二步：问自己实现这个目标需要哪些条件。列出所有条件，并考察是否有充分的能力提供这些条件？而这些条件就是达成核心目标的小目标。

把目标分解为直接可执行的任务

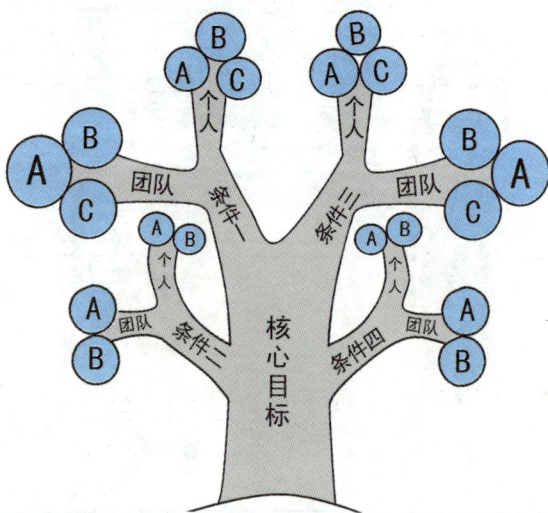

第三步：将具体到每个人的任务进行细分，让它成为大树的第一层枝叶，然后继续向自己发问，实现这个目标又要具备什么条件？并列出相应的条件。

第四步：以此类推，直到画出所有的枝丫，将每个层级的任务有效落实。

按空间关系分解

纵向分解：就是从上而下一层一层地进行分解。例如：部门管理者将制定的目标交给总经理，总经理将目标分给市场部、资源部等，而市场部和资源部再根据总经理分解的目标层层下派，最终分解到每个员工身上。

横向分解：就是平行关系之间的分解，例如：章小万团队制定了120万元的业绩目标，然后将目标分给团队的每位成员，这种就属于横向分

目标的核心作用在于帮助员工树立达成目标的信心和决心。

解。因为大家都是普通员工，没有上下级的区分，大家各自平均分好任务目标并努力完成。

按时间顺序分解

长期目标：例如：一家企业想要年收入一亿元，这就是长期目标。企业在制定长期目标时，要明确具体的规划目标内容以及整个工作流程的安排，而且这个目标是易懂的、可操作的。

中期目标：中期目标是将长期目标进行划分。例如：企业想要年收入一亿元，这就是长期目标。中期目标是企业年收入一亿元的目标被划分为季度目标要实现多少，要增加多少职员，管理是否要改进，要开辟哪些市场等。如果没有制定中期目标，长期目标就是不具体的。

短期目标：短期目标是具体可操作的计划。这个目标就是要把任务落实到每个部门（甚至每个员工），具体规定每个人要完成的任务。而员工需要就管理者分配的任务再自行安排，分解出自己能够直接进行的目标任务。例如：设目标为 x，那么达成目标的重要因素有 A、B、C、D，接下来要考虑的是如果要达成 A，那么需要满足 a、b、c、d 4 个条件，再分解下去，如果要完成 a 又需要哪些条件，直至最后分解成马上就能着手去做的任务。

06 对目标达成及个人提升进行奖励

中午吃饭的时候，章小万说："我感觉很心塞啊，好不容易努力达到了一个目标，周总也没有什么奖励，这样继续干下去都没有什么意思了。"小鑫说："同感，感觉达到了目标也和没达到一样。"

很多团队在绩效奖励方面做得不尽如人意，存在各种问题。例如：奖励方式单一，忽视团队人才激励的惯性，无法形成长期有效的激励政策，没有制度保障而且薪酬体系单一等。如果管理者没有就目标完成实施奖励的话，员工就会觉得自己像白做了一样，付出的辛劳没人看见，获得的成果也没人关注。时间久了，员工就会消极对待工作，觉得做好和做完是一样的，会导致工作积极性降低，影响个人和团队的绩效。

为了让员工在自主完成目标时有更足的动力、更漂亮的绩效成绩，管理者要就员工目标达成和个人提升提供可行的、多样化的奖励政策。

奖励的设定要清晰、公开、及时

清晰。管理者最喜欢说的一句话就是"好好干，干完了有奖励"。员

工对这句话是没有概念的，如何才是干得好？干得好有什么奖励？这些都是未知的，因此对员工来说这起不到激励作用，反而觉得管理者在空口许承诺。所以，管理者在设定奖励时一定要清晰，并把奖励量化。例如：达成目标的员工会获得奖金1000元等，有具体指向的奖励。

公开。管理者实施奖励要在一个公开的环境进行，以免引得其他员工的不解和不满。

及时。根据"近因效应"，人对最近事情的记忆远比中期和远期的事情深刻，时间拖得越长，效果越不明显。因此，管理者对员工的奖励要及时，切忌拖延。时间拖得越久，奖励的效果就越差。

为员工量身定制奖励

新生代员工的个性自由，追求新奇有趣的事物。如果实行千篇一律的奖励，即便实施了奖励，也难以发挥奖励的作用。因此，管理者在设置奖励时可以为员工量身定制奖励。

培训。新生代员工有长远的职业规划，与常见的奖金奖励相比，他们

管理者要有效实施奖励

更看重自己未来的发展空间。因此，管理者可以对完成任务的员工进行培训，让员工有晋升的空间。

旅行。新生代员工喜欢"说走就走的旅行"，因此，当员工完成任务后，管理者可以进行旅行奖励，让他们在工作之余追求"诗和远方"。

在挑战性的工作。当员工出色地完成了任务，业务能力也有了很大的提升后，这时候如果管理者委以重任，给该员工一个一般员工完成不了的、具有一定挑战性的任务，会让这位员工觉得自己备受重视，能力备受肯定。这对员工来说也是一种奖励。

充满心意的小礼物。因为管理者奖励的对象是完成任务的员工及个人能力有所提升的员工，这些都是短期的、随时可以发生的奖励行为。因此，管理者可以准备一些有创意的、走心的小礼物，如给喜欢音乐的员工送一把精致小巧的尤克里里。

不定期地对目标进行回顾、反馈和调整 07

　　周总每次在做计划时，都是一心想着完成任务，赶进度。可最终考核的时候，他发现团队的绩效结果很不理想。原来很多员工在执行过程中，因为种种原因，早就忘记了最初的绩效目标，最终导致绩效管理失败。

　　管理者在制订计划后容易陷入这样一个误区——觉得自己既然已经制订计划了，员工按照计划工作就万事大吉了。可往往实际情况是团队在按照计划开展工作时会出现新的问题，如方向跑偏了，偏离了原目标；员工没有及时向管理者反馈在工作过程中出现的问题；或者员工进行了反馈，管理者没能及时就反馈提出妥帖的应急方案，甚至提供了一些解决措施，但是没有及时调整工作等。

　　周总也是按照目标开展工作的，为什么最终团队绩效还是平平呢？正是因为在实施计划的过程中，方向跑偏了，也没能及时反馈，到了最后想调整也来不及了。因此，管理者为了让员工在工作中有更出色的表现，获得高绩效，要在员工工作时，对目标进行不定期的回顾、反馈和调整。

带着问题回顾目标

在回顾目标时，管理者要明确这几点：出现了哪些新的变化？新的变化对最终目标有无影响？如果有影响，那么该如何调整？在回顾目标时，管理者了解员工在这段时间做了什么，取得了哪些成果，管理者能很好地监督目标的落实情况。

在回顾的过程中，管理者可以通过板书的形式再次归纳、总结目标，思路由员工提出，管理者进行纠偏辅助即可。这样会加深双方印象，从而使沟通生效。

做好反馈的跟进工作

及时：反馈要及时。管理者一旦了解员工的"症结"，就要及时反馈，告知员工哪些地方需要改进，如何改进。做到反馈及时，以免浪费时间和精力。

对目标进行不定期的回顾、反馈和调整

带着问题　　　　　做好跟进　　　　　及时调整

具体： 管理者在提供反馈意见时要具体化和量化。

易懂： 管理者在反馈时，其信息往往是复杂的、难以理解的，而员工又羞于再次询问。因此，管理者反馈的时候，要深入浅出，营造轻松、自由的氛围，让员工敢问敢说。

根据反馈信息，及时调整目标

及时发现目标偏差： 目标发生偏差，往往源于两种情况：一是外部环境出现了变动，如因市场信息或市场需求的变动所产生的影响；二是内部出现了一些变动，如团队里大部分员工尚未完成业绩，或者完成了业绩但是得不偿失，这时候也需要调整目标。

合理确定调整幅度： 当管理者发现目标偏差后，需要根据偏差的实际情况，确定合理的挑战难度。此时的调整一定要有充分的依据，以免调整失误，出现更大的差错。在调整目标时，管理者要询问员工调整的原因、需要调整哪些目标，以及调整后对其他绩效结果有没有影响等。

严格做好跟踪工作： 当对目标进行调整之后，管理者还需要严格做好后续的跟踪工作。

第 4 章

指标设计：
用指标驱动团队绩效

绩效管理的关键环节是绩效考评，而绩效考评需要以绩效指标为依据。绩效指标的设计，不仅是考评依据，还能够激励员工努力实现指标，进而驱动整个团队提升绩效。

01 什么是关键绩效指标（KPI）

> 章小万因为表现出色，被提拔为团队主管。突然走上管理岗位的章小万有些茫然失措，尤其是在团队绩效指标制定方面，她感觉很吃力。

关键绩效指标（Key Performance Indicator，KPI）是一种将企业或团队总体战略目标，分解成一个个可以进行实际操作的指标的管理工具。它是用来辅助管理绩效计划的重要组成部分。关键绩效指标最早是由麦肯锡咨询公司在 1999 年引入中国的。从那时起，中国的很多企业便开始大力对关键绩效指标进行推广。一些企业也取得了显著的成效，但更多的是出现了问题。例如：关键绩效指标过于追求完美，导致与企业或者团队的战略目标不符合，或者难以实现量化的标准等。

通常情况下，管理者对绩效指标存在以下两种误区。

所有的绩效指标都是关键绩效指标。把关键绩效指标当成评价指标，所有指标一手抓，导致绩效管理失败。

将关键指标与薪资紧密挂钩。在很多管理者看来，薪资是驱动员工努力工作的主要动力，必须将绩效与薪资紧密挂钩才能保证员工取得优秀的

关键绩效指标（KPI）是一种将企业或团队总体战略目标，
分解成一个个可以进行实际操作的指标的管理工具

成绩。这其实是一个误区。实际上，管理者对员工的认可、尊重和员工自我价值的实现才是主要驱动力。

关键绩效指标是非财务指标

很多管理者认为关键绩效指标既是财务指标又是非财务指标。实际上，任何一个关键绩效指标都不是财务指标。所谓的财务指标是对已经发生的活动进行的量化，是为已经发生的活动进行简单的赋值。所以，每个财务指标反映的是一项已经发生的活动。因此，财务指标不可能是绩效指标。

如果你用钱评价指标，说明你并不懂关键绩效指标，因为以金钱形式表示的都是成果指标。而真正意义上的关键绩效指标是非财务指标，是为团队或者企业的关键顾客带来的盈利，是隐藏在团队或企业背后不容易被发现的力量。

关键绩效指标的特点

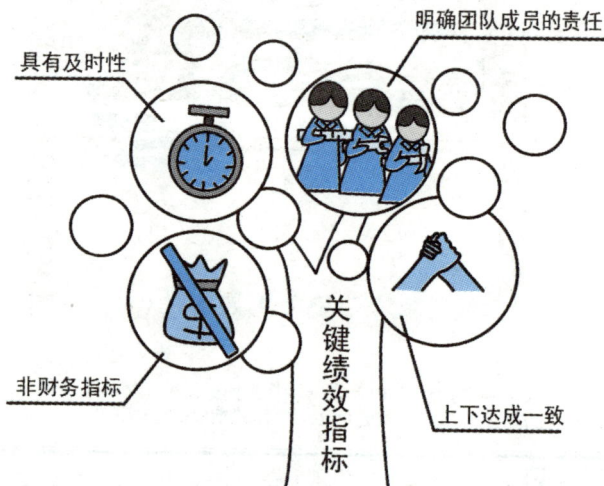

具有及时性

明确团队成员的责任

关键绩效指标

非财务指标

上下达成一致

关键绩效指标具有及时性

管理者通常会认为，所有的评价指标在任何时间都是有效的，这是一个认识上的误区。事实上，关键绩效指标具有及时性。关键绩效指标最好按照每周 7 天、每天 24 小时或者每天 1 次的频率进行评价。当然，具体的评价频率要根据团队的发展和员工的工作情况设定。这样的频率是为了给指标评价提供及时、有效的信息，对团队的业绩起到关键的指导作用。否则一旦没有及时评价，就会出现很难监控的局面。

责任明确，产生重大影响

很多时候指标不在多，而在于指标评价是否能够有效地对团队工作进

　　将关键绩效指标与薪资紧密挂钩，很容易被认为是掌控。

行评价，是否能够明确团队成员的责任。而关键绩效指标正好符合这一点。关键绩效指标能反映个人的工作状况，明确每个人应该承担的责任。同时，关键绩效指标影响的不只是个人，还有整个团队。在团队中，无论是管理者还是员工，都会关注关键绩效指标，因为这些和自身的目标以及团队目标息息相关。

简单易懂，上下达成一致

　　关键绩效指标能明确考核哪些指标，是管理者与员工共同参与、达成一致意见的体现。无论是管理者强行下发的，还是员工自主设定的，都不能成为"关键绩效指标"。唯有如此，才能确保团队的每个人都清楚应该采取什么样的行动才能达成指标。

02 确定团队的关键成功因素

> 虽然知道了关键绩效指标是什么，但在设计绩效指标时，章小万还是觉得一头雾水。苦熬了几个通宵依然无从下手之后，她只好从网上找了一个销售团队的绩效指标，照抄下来。开会讨论时，她发现大家一脸茫然。询问之后，大家纷纷表示"不知道自己该干什么"。

制定关键绩效指标的主要目的是确保团队员工的工作时间，重点关注团队的关键成功因素。但是很多管理者对关键绩效指标的认识比较片面，他们认为关键绩效指标评价的主要作用是帮助实施团队战略目标。于是很多管理者会采取像章小万一样的方式，生搬硬套其他团队的指标，导致虽然设定了关键绩效指标，但是员工并不清楚自己要做什么。而产生这一情况的原因是，管理者没有基于团队的关键成功因素，设定有针对性的关键绩效指标。

管理者要想利用指标驱动业绩，首先需要确立团队的关键成功因素。所谓团队的关键成功因素，是指团队成员每天需要做好团队内部的关键问

脱离关键成功因素的绩效指标没有实际意义

题或方面，是决定团队事务优先顺序的驱动力。其作用是为团队内部完成目前任务，以及能够顺利达成目标确立方向。所以，只有确定了团队的关键成功因素，才能更明确地确立团队的关键绩效指标。例如：对团队而言，一旦确立"员工满意度"为关键成功因素，那么我们就能容易地设定关键绩效指标：如何提升客户满意度。因此，要想利用关键绩效指标驱动团队业绩，首先需要确定团队的关键成功因素。

召开研讨会，确立团队的关键成功因素

一般情况下，研讨会的时间需要 1 ~ 2 天，具体时间可以根据团队的具体情况来确定，参会的成员包括团队所有成员和管理者。确立团队的关键成功因素一般需要具备以下几个条件。

确定团队内部的关键成功因素

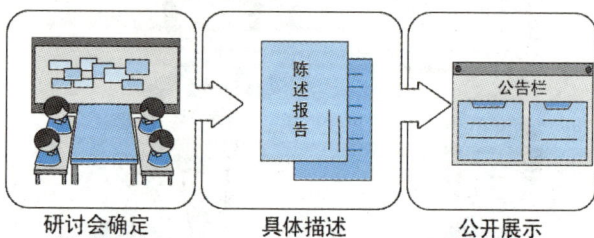

研讨会确定　　　　　具体描述　　　　　公开展示

表达清晰。即团队成员都能认可这个关键成功因素对团队目标产生的重要影响。

管理者和员工必须对这些因素有深刻的认识和了解。

与企业战略目标高度相关。即企业各个部门的关键成功因素是一样的，不能被分解成不同部门的不同关键成功因素。

关键成功因素限定在 5 ~ 8 个。无论团队大小，关键成功因素都不宜过多。

明确、精准地描述企业的经营活动，而不能像企业的战略目标一样抽象描述。

具体描述团队的关键成功因素

一旦确定关键成功因素后，我们就需要向团队成员具体描述团队的关键成功因素，让大家能够更加明确关键成功因素是什么，具体该如何做。通常情况下，陈述报告内容包括以下方面。

关键成功因素如何确立，由谁确立。

关键的 5 ~ 8 个成功因素是什么，这些因素为何重要，有哪些影响力。

团队的关键成功因素是指团队成员每天需要做好的团队内部的关键问题或方面，是决定团队事务优先顺序的驱动力。

员工该如何运用这些关键成功因素，达成自己的关键绩效指标。

这些关键成功因素是如何驱动关键绩效指标的。

公开展示关键成功因素

管理者在确定关键成功因素后，要向全体团队成员公开展示关键成功因素，让大家时刻谨记，并深刻认识团队的关键成功因素。一般可以用办公室公告栏的方式，或者以漫画墙的形式展示。总之，展示方式越有趣，对员工的吸引力越大，效果就越好。

03 绩效指标设计的 SMART 原则

　　确立关键成功因素之后，章小万很快就确定了团队关键绩效指标。但在实施一段时间之后，她发现团队的整体绩效不但没有提升，反而陷入了混乱状态，几乎所有工作难以推进。

　　很多管理者在设计绩效指标时要么随心所欲，要么照搬别人的绩效指标，导致设计的指标与团队发展不符，难以实现。

　　通常情况下，绩效指标难以实现的原因无非以下几种。

　　管理者在设计绩效指标时，全凭自己的主观想法，对绩效指标的描述不够具体明确，导致员工不清楚自己如何做才能实现绩效。

　　绩效指标太空或者太大，导致无法落实到实际工作中。

　　管理者设定了绩效指标，但是如何衡量员工有没有达到指标是不清楚的。

　　绩效指标过高或者过低，导致员工无法完成任务。

　　没有明确的截止日期。员工没有时间的压迫感，很容易造成严重的拖延症，导致任务难以完成。

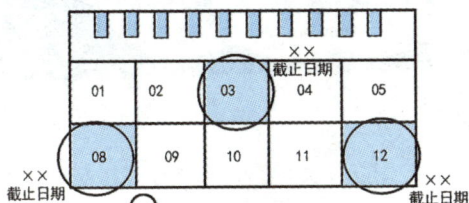

绩效指标与团队实际情况不符，难以实现

造成这个问题的关键就是，管理者在设计绩效指标时，没有遵循
SMART 原则。

明确的（Specific）

所谓明确性就是指设计的绩效指标要有明确的定义，要让团队所有成
员对你设计的绩效指标都有一个明确的目标和方向。如果绩效指标设定得
模棱两可，那么员工做的时候也会模棱两可。例如：一家企业想要提高生
产率，但是管理者只说了一句要提高生产率，要提高多少却并没说，那么员
工做的时候也仅仅是提升而已，提升多少却没有明确目标。如果管理者说

> SMART 原则一共包含 5 项：明确的
> （Specific）、可衡量的（Measurable）、可实
> 现的（Achievable）、相关的（Relevant）、
> 有时限的（Time-bounded）。

从 50% 提升到 75%，员工就会朝着 75% 这个目标前进。所以绩效指标的
设定一定要具体明确。

可衡量的（Measurable）

可衡量性，就是说设定的绩效指标一定是可以被评估的，就像用来考
试的试卷一样，要保证每道题都可以用分数衡量。而实现可衡量的最好方
法就是将绩效指标进行量化，能够以准确的数据指出达到什么标准才算完
成指标。例如：员工该月的绩效指标是发展 8 个新客户，也就是每周需要
发展 2 个新客户，如果果员工在 3 个星期内只完成了 4 个，那么最后一个星
期必须完成 4 个才能达到绩效目标。

可实现的（Achievable）

很多管理者总是喜欢设计一个十分宏大、有吸引力的目标，但是由于
目标超过了团队整体水平，往往会导致目标难以实现。例如：一个新来的
员工，管理者给其设定的绩效指标是 2 万元的业绩，但是在团队中，一个
干了 3 年的老员工一个月的业绩最多 25000 元。那么对新员工来说，这个
绩效目标一定很有挑战性，最终会因为压力过大难以实现。所以在设计绩
效指标时，一定要根据团队成员的实际情况进行设计，使设计的目标可
实现。

相关的（Relevant）

相关性是指设计的绩效指标能够同他人的工作、能力、目标等具备一

绩效指标设计要遵循 SMART 原则

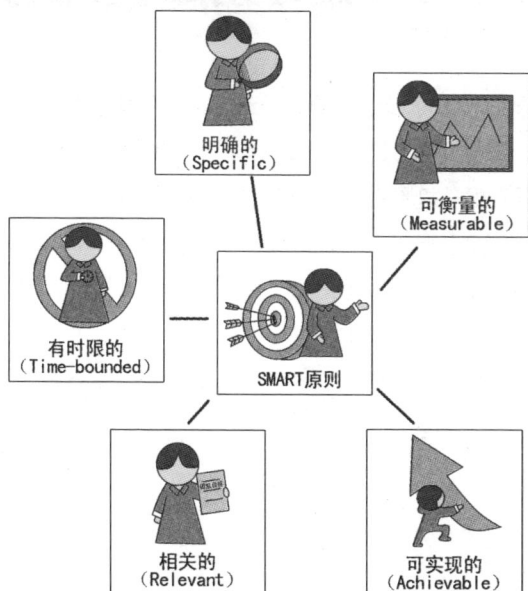

明确的
（Specific）

可衡量的
（Measurable）

有时限的
（Time-bounded）

SMART原则

相关的
（Relevant）

可实现的
（Achievable）

定的关联性。例如：在设计绩效指标时，你对一名生产加工的人员说："你要多学点英语，方便以后见客户。"这名员工可能一脸茫然：我一个整天待在车间工作的普通员工要学英语见客户？但是，如果你和一名经常外出见客户的人这样说就很好，他会听取意见刻意学习英语。所以，一定要根据团队成员工作的性质设定具有相关性的绩效指标。

有时限的（Time-bounded）

没有时限性的绩效指标和没有绩效指标没什么区别。这就像你对一名

实现可衡量的最好方法就是将绩效指标进行量化，能够以准确的数据指出达到什么标准才算完成指标。

员工说："你要做出 1000 万元的绩效业绩才行。"但是你没有给他定下时限，一年过去了，当你检查他的绩效业绩时，发现他才做了 500 万元，还有必要继续下去吗？但是如果你给他设定一个时限，要求他一年之内做出 1000 万元的业绩，每个月完成 100 万元，这样他就会有一个时限约束，能提高自觉，从而确保在一年内做出 1000 万元的业绩。因此，管理者在设计绩效指标时，一定要给它加上时限。

根据任务类型设计绩效指标 04

　　章小万刚弄清楚绩效指标设计的 SMART 原则，给团队设计了一套不错的绩效指标。小旭就跑到她那里抱屈："领导，这个月我的任务是开发新客户，小睿只是维护老客户。凭什么她的绩效考核指标和我的一样，最后拿的奖金也一样？"

　　很多管理者在设计绩效指标时，为了方便，无论什么任务都依照同样的指标进行评价和考核。但是在团队中，虽然大家的目标都是一致的，但每个人做的工作和要完成的任务不一样。很多时候，即使是同一个人，每天也不可能完成一样的任务。如果以同样的指标进行评价和考核，显然不够科学严谨，会引发员工的不满。

　　还有些管理者在设定指标时，会根据执行任务的人数划分。例如：销售部 6 个人，文案部 2 个人，那么销售部必须完成 6 万元的绩效指标，文案部完成 2 万元的绩效指标。这显然不科学，因为每个人的任务不一样，不能以人数来划分。销售部本身就是收入的主要来源，而文案部是促进销售的，按人数设计的绩效指标，甚至会让两个部门产生矛盾，绩效指标的

实现更是无从说起。因此，管理者在设计绩效指标时，需要根据任务类型进行设计。

对目标中的任务进行分类

根据技术性和劳动性进行划分。任务一般分为技术性和劳动性的，所谓劳动性就是给你一个方法，按照这个方法投入劳动力就可以实现大量的生产。例如：流水线上的生产工人，一般按照特定流程进行工作，这种只需要付出体力劳动的任务就叫劳动性任务。而技术性任务需要员工具备技术，同时还需要一定的时间，完成的量也无法确定。例如：互联网行业的编程人员，如果没有这方面的知识和经验是无法胜任的，这种工作就是技术性的工作。

根据职位和岗位进行划分。每个人都有固定的职位，其职位也决定了其任务类型，就像一个工程的预算部，它就应该做预算类的任务。所以任务可以根据职位进行分类。

根据任务类型设计绩效指标

绩效指标设计	任务类型		
高绩效指标	劳动性任务	业务性岗位	关键性任务
低绩效指标	技术性任务	后勤性岗位	非关键性任务

根据任务的重要程度进行划分。根据任务的重要程度，可以将任务分为关键性任务和非关键性任务两种类型。例如：土木工程就属于关键性任务，一栋楼房的建造需要投入很多的人、机械以及材料，而且需要多道程序以及很长的时间；而楼房的装饰工程就属于非关键性任务，只需要几个人就可以轻松完成，而且用时很短。这种情况下就需要压缩非关键性任务的时间和资源去支援关键性任务。

根据任务类型设计绩效指标

劳动性任务需要高绩效指标。劳动性任务主要是通过劳动就可以完成，相对来说比较简单。所以针对这种类型的任务可以设计高一点的指标，否则就会缺乏挑战性，会让员工失去兴趣。

技术性任务不要设定过高的指标。技术性任务相对于劳动性任务而言，要求比较高，难度比较大，很难轻易完成。因此，针对这种类型的任务，

> 以同样的指标对不同任务类型进行评价和考核，会引发员工的不满。

管理者不能定过高的指标，否则会让员工因为难以实现指标而产生压力，进而厌倦工作。

根据岗位的职责设计绩效指标。例如：生产部门在本月要实现多少绩效指标，销售部门本月要签订多少合同，服务部门本月要将投诉率降低百分之多少等。

关键性任务提高指标，非关键性任务适当降低指标。例如：销售部门的签单率属于关键性任务，需要投入较多的人力才能完成，就要设定较高的指标；客户满意度调查属于非关键性任务，可以适当降低指标。

定量和定性绩效指标相结合　05

小旭在和一个客户接触的过程中遇到了困难，他希望小睿可以帮他出出主意。小睿却说："我这个月要完成 40 万元的业绩，哪有工夫帮你啊！"

　　在日常的工作中，我们经常能听到管理者评价一名员工"你这个月的工作态度很好""最近和其他同事相处不错"或者"你的业绩才完成 1 万元，还差 3 万元""你已经超指标完成了 5000 元的绩效"……前面的是"定性指标"，后面的是"定量指标"。

　　在绩效管理工作中，"定性指标"和"定量指标"是一个非常敏感的问题，并且两者之间有密切的联系，但是很多管理者在绩效管理中将两者分开，只看定量指标，而忽略了定性指标。这样很容易导致员工只看重个人定量的绩效指标，忽略自我成长及与团队其他成员沟通和协作，最终会导致绩效管理失败。

　　在绩效指标设计中，定量指标与定性指标是密切联系的两个方面，如果只有定性评价而没有定量的考核是不完整的，并且定性指标的考核一定是以定量指标的考核为基础的。所以，最好的绩效指标考核方式就是将定

仅有定量指标会出现工作态度不好、合作精神欠缺等问题

性指标与定量指标相结合。

锁定业绩指标、态度指标和能力指标

定量指标主要指财务类和经营性的成果，是能够准确定义、精准衡量，并能反映工作结果的关键业绩指标。所以定量指标主要是指可衡量的业绩指标。而定性指标是指不能直接量化，需要通过其他途径实现量化的评估指标，如态度指标和能力指标。因此，将定量和定性指标相结合，就要锁定业绩指标、态度指标和能力指标。

遵循相关原则，适当结合三大指标

业绩指标、态度指标和能力指标，因为考核的范围不同，在关键绩效指标中占的权重也不同。因此，要想将这三者结合，就需要遵循相关原则，对它们进行适当的结合。

将定量和定性指标相结合

业绩指标　　　　态度指标　　　　能力指标

二八原则。以业绩指标为主、态度指标为辅。两者之间的权重可以采取"二八原则"，即业绩指标占 80%，态度指标占 20%。

业绩指标、态度指标与薪酬挂钩。业绩指标是衡量员工工作成果的关键指标，必然与薪酬挂钩，而态度指标也能影响员工的工作能力和效率，所以也会与薪资挂钩，且它们和薪酬挂钩的比例也遵从二八原则。

能力指标不与绩效奖金挂钩。能力指标考核结果主要运用在阶段性的人事决策中，如员工的选拔、晋升、降级等。但是它不能与绩效挂钩，因为业绩的高低已经能够体现一个人的能力。所以，绩效奖金只与业绩指标、态度指标挂钩，不与能力指标挂钩。

06 设计关键绩效指标权重的技巧

绩效指标有了，但是到底哪个重要，哪个次要？各个指标在考核时占比多少合适？这些问题让章小万一筹莫展。

　　绩效指标权重是指对各项指标的重要程度的权衡和评价，权重的大小反映了团队各项工作的重要性、难度以及在资源投入上的差别。不同的权重设计，会产生不同的评价结果。所以，在设计绩效指标时，掌握关键绩效指标权重的设计技巧，是非常重要的事情。

　　但是，现在很多管理者并没有意识到这一点。在他们看来，所有提炼出来的关键指标都是重要的。于是，他们就把所有的关键绩效指标"一把抓"，任何一个都不落下。但是管理者没有考虑到员工的能力是有限的，并且任何事情一定要有轻重缓急。

　　绩效指标权重的划分往往对评价结果有重要的影响。就像建造一栋楼房，会有土木工程、装饰工程、电气工程等多项指标。工程师一般会给土木工程划分很大的权重，如果你将权重放在了装饰工程上，那么结果就是你建造的楼房比其他工程师建造的楼房更加漂亮，但是不如别人建造的楼

房安全、耐用。因此，权重的设计一定要谨慎、科学并且准确。

主观经验法

这种方法就是通过过去积累的经验对数据进行分析，然后展开集体讨论或者请专家进行分析，以此确定各项指标的权重。简单来说，主观经验法就是依靠历史数据和管理者直观判断确定权重的方法。在具体操作中可采取以下步骤。

第一步，组建专家组。专家组成员包括该岗位的任职者、上下游同事代表、直属上司、部门经理、HR 等。

第二步，对指标进行排序。根据指标的重要性进行两两比较并排序，最终确定指标次序。指标排位越靠前，权重就越大。当然，排序如果可以采用权值因子法、层次分析法、三维确定法等专业方法，将会大大降低经验法的主观性，增强科学性。

设计关键绩效指标权重的技巧

第三步，专家组设定指标权重。根据指标排位次序，由专家组讨论设定各指标权重。对大多数岗位或任务来说，一般优先设定定量指标权重，再设定定性指标权重，而且定量指标的总权重要大于定性指标的总权重。

权值因子法

所谓权值因子法，就是列一张表格将所有的绩效指标填入表格，然后进行一一对比、分析，最后打分，通过得分的高低确定每项指标所占的权重。而打分的方法多种多样，但通常以比较常见的 4 分制进行打分。

例如：一个建筑队伍，有土木工程、装饰工程、电气工程以及防水工程 4 项指标，其中土木工程比电气工程更重要，装饰工程同防水工程同样重要，装饰工程比电气工程更重要。那么按照 4 分值法，它们占的权重如下表所示。

绩效指标权重是指对各项指标重要程度的权衡和评价，权重的大小反映了团队各项工作的重要性、难度以及在资源投入上的差别。

指标	土木	电气	防水	装饰	权重
土木	——	4	3	3	10
电气	0	——	2	2	4
防水	1	3	——	2	6
装饰	1	3	2	——	6

最后建筑队伍得出的结论就是土木工程最为重要，装饰和防水工程较为重要，电气工程不算重要。因此在施工的过程中，工程队就按照该重要程度进行施工。

层次分析法

所谓排序法，就是将所有指标都通过两两对比的形式，进行重要程度的排序。例如：1 不如 3，那么就将 3 排在 1 前面；然后是 1 不如 2，就将 2 排在 1 前面；最后是 2 不如 3，就将 2 排在 3 后面；最终得出 3 > 2 > 1 这个排序，也因此得到了各项指标之间重要程度的排序。当然，这种方法仅适用于指标之间相对权重的设计，而不能适用于绝对权重的划分。

这种方法同样是依据个人的经验判断，但是相较于直观判断法而言，它具有以下优点。

允许多个指标设定者各自做出判断，消除了单纯的个人主观性。

对指标重要性的判断是依据定量的方式进行处理、分析的，更加科学、严谨。

绩效指标权重的划分往往对评价结果有重要的影响。

简单易行，方便操作。

三维确定法

所谓三维确定法，是指将定量与定性相结合的方法，也是很多团队和企业在设计关键绩效权重时最常用的方法。三维确定法认为，决定一个指标权重的因素有 3 个：在现有资源配置和条件下该指标的可实现程度、重要程度和紧急程度。管理者只有全面考虑这 3 个因素，才能设计合理的权重系数。三维确定法的具体操作步骤如下。

第一步，将一组指标按照可实现程度、重要程度和紧急程度得分相乘，采用"五点打分法"分别进行打分。

第二步，将每个指标的重要程度得分、紧急程度得分和可实现程度得分相乘，得出该指标的综合分数。

第三步，将每个指标的综合分数相加，然后确定每个指标综合分数在总综合分数中所占的比例。

第四步，最终得出每个指标的权重值。

适时调整团队关键绩效指标 07

关键绩效指标在实施过程中，虽然不断出现各种问题，但为了保证指标的一致性，章小万坚持不做任何调整。半年之后，章小万发现虽然团队成员顺利完成了指标，但是团队业绩没有明显增长。

　　设定关键绩效指标，需要根据团队当前的发展情况、经营范围和团队员工的能力等因素来确定。但是这些因素都是可变的，会随着时间的变化而变化。所以，关键绩效指标是具有时效性和实用性特点的，而保持关键绩效指标的时效性和实用性也是实施绩效评价最基本的要求。

　　现在很多团队管理者在实施绩效指标时，会出现章小万发现的这种问题，这是因为管理者并没有考虑其中的一些可变因素。他们认为设计关键绩效指标的时候，已经全面考虑了所有的因素，在实施过程中不会出现任何纰漏。但是，随着团队的发展，工作流程中的一些重要事物和员工的工作能力都会发生变化。一旦这些变化发生了，最初设定的关键绩效指标就无法与当前的情况相匹配，也就失去了驱动效果。所以，为了保持关键绩效指标的时效性和实用性，管理者必须适时对一些关键绩效指标进行调整，

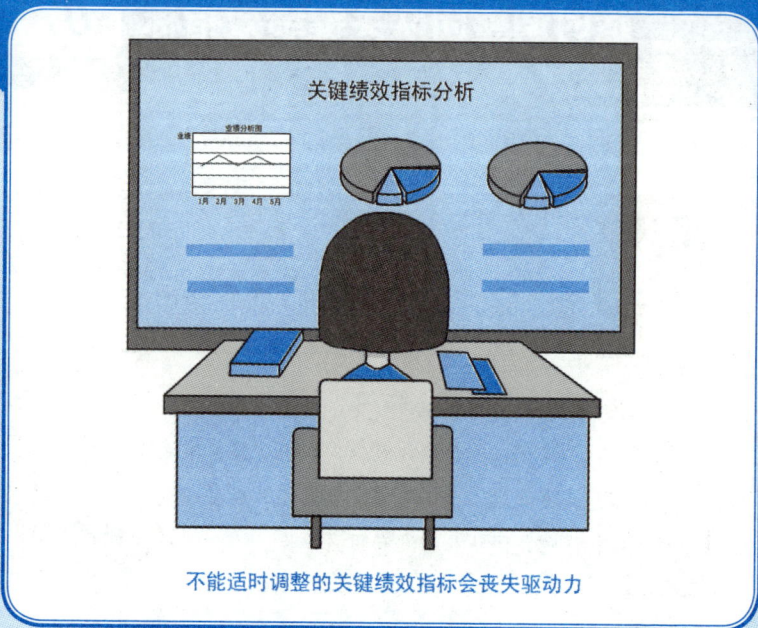

关键绩效指标分析

金额   金额分析图

1月 2月 3月 4月 5月

不能适时调整的关键绩效指标会丧失驱动力

使之发生相应的变化。

针对反馈的问题及时调整

管理者要针对员工反馈的问题与之进行深入沟通，及时制定相应的调整方案。例如：当员工反映关键绩效指标很难达成时，管理者就需要反思是不是绩效指标太高，或者员工对指标的定义不明确等，然后需要与员工一起探讨，找到解决问题的方案。同时，也需要将问题记录到档案中，便于修订后期的关键绩效指标。

定期召开讨论会审视调整

管理者要想利用绩效指标促进员工工作，提升其工作效率，首先一定

适时调整团队的关键绩效指标

要让员工对绩效评价指标有深刻的认识，并且将绩效指标牢记于心。所以，为了让员工深刻认识并牢记指标，管理者需要定期召开小组会议。一般情况下，会议周期可以是一个月或者一个季度举行一次，具体周期根据团队发展情况和员工自身情况而定。

会议以小组的形式展开，可以将团队成员分成 3 ~ 4 组，管理者也要参与其中。在讨论、温习团队关键成功因素的过程中，管理者和员工需要确定新的关键成功因素评价指标。此外，还需要管理者和员工就新确定的评价指标、团队当前的发展情况、员工自身的情况以及当前指标的执行情况展开集体讨论。团队成员可以自由发表意见，最终统一观点，确定新的关键绩效评价指标和相应的指标调整方案。

关键绩效指标是具有时效性和实用性特点的。

至少每年修订一次团队关键绩效指标

团队要想利用指标驱动业绩，就必须随着外界环境的变化对关键绩效指标适时做出相应的改变。一般情况下，短期的变化并不会影响关键绩效指标的评价，但是一年内会产生比较显著的影响。所以，团队至少每年修订一次关键绩效指标，在具体实施过程中要遵循"以连续的循环计划为基础进行修订"的原则。也就是说，最关键的部分是不变的，这一部分需要最初就确定好，其中需要变动的只是小部分。

第 5 章

跟踪辅导：
帮助员工提高绩效

绩效跟踪辅导是绩效管理的后续工作，也是不可忽视的关键环节。它能够有效帮助员工及时认识工作中存在的问题，解决问题，进而提高绩效。

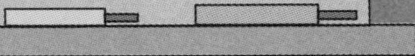

01 成功的绩效管理源于过程的管理

> 章小万总是对团队成员说："我只看最终结果。"因此，在绩效实现的过程中，她都是撒手不管。结果不但引来下属的不满，还导致绩效常常不理想。

大多数管理者比较关注绩效结果，很少有管理者会注重绩效管理过程。在他们看来，如果没有结果，过程再完美也没有任何意义。然而，对新生代员工而言，与结果相比，他们更注重自己在过程中的付出，并且希望管理者能认可他们的付出。

实际上，绩效管理成功的关键，恰恰源于管理者对过程的有效管理。管理者通过对过程的管理，不仅可以实现有效的跟踪辅导，而且能够有效保证团队战略总目标的实现。从普遍意义来说，绩效管理的过程通常就是一个 PDCA 循环的过程。

计划（Plan）：包括行动方针和目标的确定以及活动计划的制订。

辅导（Do）：包括为员工提供方向性引导和实际性帮助。

诊断（Check）：针对执行结果进行核查，好在哪里，继续保持；不好在哪里，找出问题。

反馈（Action）：主要针对员工存在的问题提供意见和建议。

绩效计划阶段的过程管理

下达团队绩效目标计划。也就是管理者要向员工下达一年、一季度或一个月的任务指标，包括团队预期创造多少价值，需要达到什么高度，以及针对这个计划员工应该如何执行等。

协商、探讨绩效考核方式。例如：管理者需要与员工协商、探讨绩效考核方式，以此推动绩效计划的执行。

确定绩效指标考核体系。探讨结束并同意观点后，管理者需要建立完善的绩效考核体系，以便更好地对绩效管理过程进行全面的考核和监督。

绩效辅导阶段的过程管理

监控点。例如：管理者通过对员工进行过程上的监控管理，能够及时发现员工在工作上的不足，并提出意见，帮助员工及时改正。

加强过程管理

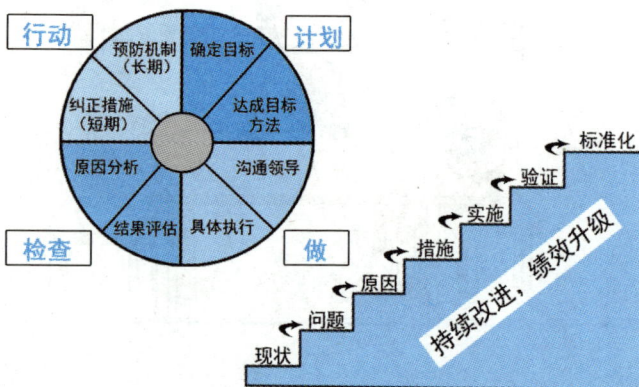

信息收集与反馈渠道。例如：设立信息收集与反馈渠道，能够确保员工及时向管理者汇报工作情况，同时管理者也能根据员工的汇报以及就自己在监控中收集的信息，给员工意见和建议，引导员工更好地执行计划。

绩效考核阶段的过程管理

知识。缺乏工作相关的知识。例如：安排与工作岗位和技能相关的知识培训。

技能。缺乏岗位要求的技能。例如：针对员工存在的弱点进行辅导，或鼓励员工互相帮助，从而增强自己的技能。

态度。对工作认知有偏差，工作目标不明确。例如：帮助员工认识个人潜力和职业发展方向。

绩效管理成功的关键，源于有效的过程管理。

外部环境。工作压力大。例如：适当开展团队活动，活跃团队氛围，帮助员工减轻压力。

绩效反馈阶段的过程管理

BEST 反馈。BEST 反馈是指管理者针对员工在绩效周期的表现，按照描述行为（Behavior description）、表达后果（Eexpress consequence）、征求意见（Solicit input）、着眼未来（Talk about positive outcomes）的步骤进行反馈。在这个过程中最重要的是聆听，管理者要让员工充分地表达意见，鼓励员工寻找解决办法，最后再稍做总结。

汉堡原理。汉堡原理是指管理者在进行绩效反馈时，采用"赞赏—问题—支持"夹心式的沟通方式。例如："小睿，在上一轮的绩效考核中，你在新客户开发方面表现得不错……但也存在一些需要改进的地方……你对这个问题怎么看……你对这个问题的想法很不错，可以列入你下一步的改进计划。"

02　有效授权，给员工自由发挥的空间

　　　　在一次任务分配中，章小万安排小鑫带领团队和客户进行谈判。出于信任，她表示："小鑫对这件事全权负责，不必向我请示。"结果，为了拿下订单，小鑫不但在价格上让步很大，还答应了很多对公司不利的附加条件，周总知道后大发雷霆。

　　在绩效管理中，为了激发员工的工作动力，不少管理者会采用授权的方式。但是在实际运用的过程中，管理者发现效果并不像预想中那样好。很多员工在得到授权后，会出现"滥用权力"的情况，或者因为权力大了，而放纵自己的现象，从而导致授权失败。

　　如何授权才有效？授权不等于放权，不是管理者将权力交给某个人后就撒手不管，这样只会让团队管理陷入一片混乱。真正的授权是在授予权力的同时，还要有严格的监督机制，以监控权力运用情况，从而使授权更加有效。通常情况下，有效的授权表现在以下几个方面：

　　能够保证团队在分解目标时，充分落实权责；

　　能够给予员工更大的自主性和更大的自由发挥空间；

过度放权导致授权无效

适当控权才能有效授权

能够帮助员工提升自身创造性、责任感，加强自我管理，进而实现快速成长。

明确授权内容

开放。授权信息开放，即要求管理者在授权之前公开信息，而不是私下授权，这样会引起其他成员的不满。例如：管理者要授权给某位员工，这时候团队管理者就需要将团队成员召集在一起，根据任务的具体情况、特点进行授权，并当众宣布授权信息。

实现有效授权

公开授权

授权内容具体

销售部经理　物流部经理
授权同时提供支持

拒绝逆向授权

　　具体。 授权内容必须具体化，否则会让员工不知所措，导致授权无效。因此，授权的时候，管理者需要告知员工授权的具体内容是什么，具体执行方式是什么样的，需要达到什么样的标准以及需要在什么时间完成。

授权同时提供支持

　　给予员工自由发挥的空间。 一些管理者虽然进行了授权，但是在授权时还是喜欢按照自己的想法建议员工如何做。这样无疑会干涉员工，导致授权无效。因此，管理者在授权之后应该给员工充分的发挥空间。例如：鼓励员工大胆去做，有不懂的和需要帮助的地方随时找管理者沟通，其他事情管理者要避免过多干涉。

　　赋予员工执行任务的权力。 管理者在授权时，还要给予员工辅助行使

真正的授权，是在授予权力的同时，还要有严格的监督机制，以监控权力的运用情况，从而使授权更加有效。

权力的资源。例如：员工在执行任务的过程中，需要得到公司其他相关部门的允许和认可。这时管理者就要先和其他部门打好招呼，签字证明，或者给员工执行任务的权力。

拒绝逆向授权

引导员工独立解决问题。员工在得到授权后，并非说明工作中的所有问题都能解决。因此，在授权的过程中，管理者需要引导员工独立解决问题，而不是直接按照自己的想法，给员工提出具体解决问题的方案和建议。这样做是逆向授权，不能充分发挥员工的作用，甚至对团队的长远发展也是不利的。因此，管理者要让员工看清自己的问题，并引导员工，如管理者可以问："你觉得应该如何解决这些问题？"

对员工进行适当的辅导。管理者在授权过程中，为了让员工更好地完成任务，需要对员工进行适当的辅导。例如：当员工遇到一个亟待解决的问题，向管理者寻求帮助时，管理者需要为员工提供一个解决思路，引导员工思考。在该环节中，管理者切忌过度辅导，这样很可能造成逆向授权，无意中剥夺了授予员工的权力。

125

03 实时沟通进展，追踪记录具体行为

汲取了上次的教训，章小万再布置任务时，会做好详细、具体的安排，包括每个人的职责权力范围、任务截止时间等。另外，为了避免下属觉得自己在"盯"着他们干活，章小万只是偶尔问问进度，其他不再多问。然而到了截止日期，章小万面对的是"任务没有完成"的结果。

在绩效的实现过程中，很多管理者选择当"甩手掌柜"，只等最后看结果。有时即使有跟进，也只是简单地询问员工的工作进度，至于员工在工作中的哪些方面表现比较优秀、哪些方面存在问题，都没有进行跟踪反馈，这往往会造成员工在工作中遇到很多问题，得不到及时的反馈和解决，最终导致绩效管理失败。

做好绩效的过程管理，是确保绩效指标达成的必要手段。这需要管理者实时沟通计划的进展，并追踪记录员工的具体行为。管理者可以通过沟通和记录，把握员工的执行进度，并及时给予员工反馈，帮助员工了解自己，认识自身的优势和不足。同时，追踪记录数据也为绩效考核环节提供了

追踪记录是掌握绩效进展的重要工具

重要的依据。

让员工主动汇报

汇报内容。明确要求员工对哪些工作情况和行为进行汇报可以确保汇报的有效性。例如：要求电话销售人员除了汇报每天打电话的数量之外，还要列出电话沟通过程中常见的问题。

汇报形式。为了不影响员工的工作，汇报形式可以灵活多样，员工既可以选择当面沟通，也可以选择电话、短信、微信、QQ、邮件等沟通工具。

汇报频率。过多的汇报会花费员工大量的时间，过少的汇报又会使管理者不能及时掌握情况。一般来说，一天一次汇报是比较合适的频率，但也要根据任务的具体情况进行适当调整。例如：某员工负责写一篇销售文案，可能连续 3 天都在寻找创意，与其每天都汇报"在找创意"，有了创意之后再汇报显然更有效。

追踪记录员工的具体行为

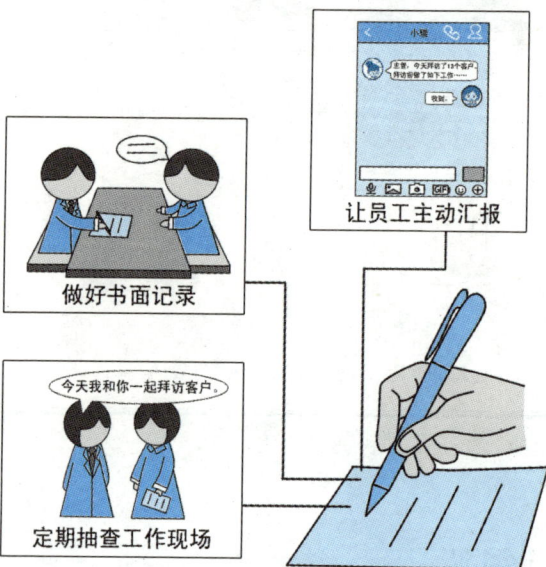

让员工主动汇报

做好书面记录

今天我和你一起拜访客户

定期抽查工作现场

做好书面记录

管理者拿纸笔将自己和员工的沟通细节记录下来，不仅便于自己确认员工工作中的每个行为是否有效，还能够让绩效管理变得更加透明、有力。管理者要重点做好两个方面的记录。

对员工的要求。人的记忆是不可靠的。所以，当管理者对员工提出要求时，一定要用笔记录下来，做个备忘，同时也是留存证据。当员工看到管理者已经将对他说的话做好记录了，就会在无形中建立心理承诺，进而推进工作。

通过沟通和记录，可以把握员工的执行进度，并能及时给予员工反馈，帮助员工了解自己，认识自身的优势和不足。

员工的行为细节。与员工的工作时长、工作总结或者员工取得的成绩、遇到的问题相比，员工日常工作中的行为细节才是影响其最终绩效的关键。例如：销售人员丢失一个订单的根源可能只是他在听客户"抱怨"时，漫不经心地玩手机。

定期抽查工作现场

"员工只做领导会检查的工作。"在工作进行中，经常仔细检查可以帮助员工建立责任意识，有效避免一些不必要的问题。例如：每周随机抽取电话销售人员的录音进行检查，或者每周抽两天时间和销售人员一起拜访客户等。

04 教练式绩效辅导，持续辅导与纠偏

> 章小万在检查完小旭的工作后说："你还需要继续努力，能力还有所欠缺。"小旭很茫然："到底哪里还欠缺？我该怎么做？"章小万说："你回顾一下你拜访客户的整个过程，哪个环节让你觉得最难？"小旭仔细想了想说："约见客户。我每次约见客户的时候……"章小万耐心地倾听，不时地点点头。

　　绩效辅导即管理者在员工执行目标的过程中，先通过沟通、交流，了解员工在工作中遇到的困难和障碍，然后通过辅助引导帮助他们解决难题的一种绩效管理方式。在绩效辅导中，管理者充当的是教练的角色，该过程也因此被称为教练式绩效辅导。

　　教练式绩效辅导，不是直接向员工提供解决问题的答案，而是引导员工自己思考，自己寻找解决问题的方向。此外，教练式辅导是通过降低管理者的威严，保留管理者的身份，同员工实现双向的交流与沟通。管理者还可以通过对自身经验和知识的分享，帮助员工解决工作上的困难，挖掘员工的潜能，帮助员工纠正错误。

一般情况下，绩效式辅导的作用体现在以下几个方面。

创造觉察。帮助管理者不断完善、认清自己，同时还能发挥自身积极的引导作用，影响和激励员工。

保持倾听。倾听能帮助管理者了解员工内心的想法，从而有针对性地引导员工，提升团队的绩效。

有效提问。通过提问，管理者能够获取想要的信息，从而帮助自己更好地决策和管理。

及时反馈。通过及时反馈，管理者可以帮助员工及时发现自身存在的问题和优势，从而做出改进。

以上 4 个方面，都是管理者在实行教练式辅导过程中的具体表现。但需要注意的是，教练式绩效辅导不同于其他方式的绩效辅导，它是一个不断持续的过程。管理者只有在此基础上，不断地辅导和纠偏，不断地督促和引导员工，才能促进员工不断成长，进而提升整个团队的绩效。

有效进行教练式绩效辅导

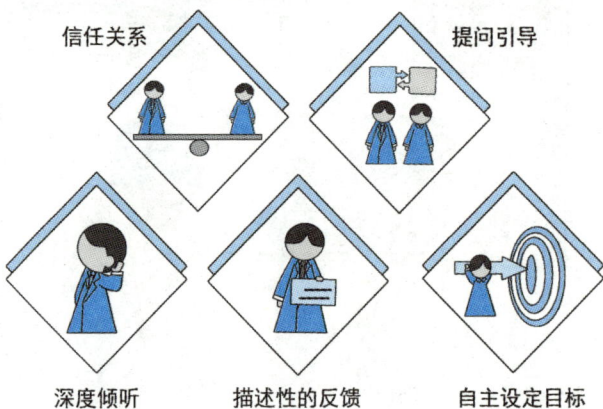

信任关系　　提问引导

深度倾听　　描述性的反馈　　自主设定目标

建立真诚的信任关系

有效的教练式辅导源于融洽的关系。如果管理者和员工不能建立真诚的信任关系，就难以实现坦诚的沟通。所以，在绩效辅导之前，管理者可以通过姿势、手势、表情、眼神以及语气、语速、词汇等和辅导对象保持同频，快速建立和谐关系，营造相互信任的沟通氛围。除此之外，在日常相处过程中对员工保持真诚的关爱也非常重要。

提问引导员工深入思考

当员工在执行任务的过程中出现一些错误和问题时，管理者先不要纠结如何批评和惩罚员工，而应该通过一些提问式的语言，如"你觉得这次任务对你来说，最有难度的一点是什么？""你觉得其他员工身上有没有值得借鉴的地方？""如果重新给你一次机会，你会怎么做？"……引导员工思考自身存在的问题，以及出现问题的原因，然后让员工自己寻找解

教练式绩效辅导不是直接向员工提供解决问题的答案，而是引导员工自己思考，自己寻找解决问题的方向。

决方案。需要注意的是，避免提出具有批判性和建议性的问题。例如："你怎么会这么慢？""如果不是一再拖延，你是不是已经完成计划了？"

带着同理心深度倾听

很多管理者认为绩效辅导是管理者针对员工的问题提出建议，是一个单向的沟通过程。实际上，教练式绩效辅导是一个双向的沟通过程，倾听是非常关键的一个环节。它决定了管理者能否听出员工的真正意图，进而帮助员工解决问题。例如：当员工针对公司的工作问题或者绩效问题提出一些看法和建议时，管理者需要耐心地倾听员工的意见，了解绩效管理是否存在问题需要改正。

给出描述性的反馈

教练式绩效辅导在反馈中，要尽可能详细地、不加批判地对问题及其背后的思考进行描述，帮助员工客观地评价自己的工作，激发他们的责任意识。例如："你这次任务的核心目标是什么？""你认为目前的行动在多大程度上实现了这一目标？""你是否觉得还有其他方面需要努力？"

让员工自主设定改善目标

教练式绩效辅导强调，只在有必要帮助时才给出建议。所以，反馈之后，管理者要避免立刻给出建议，而是引导员工自主设定改善目标。例如："你觉得怎样才能尽快解决这个问题？"员工对目标的自主性越强，行动的内驱力就越大。

05　以尊重为前提的激励，比加薪更管用

> 　　为了提高员工的积极性，章小万不但提高了绩效奖金的比例，还给表现出色的员工涨了工资。虽然当时效果比较明显，但是一段时间后员工又开始出现懈怠的情况。章小万纳闷：给钱都不行，要如何做才能激励他们？

　　在实际工作中，很多员工会因为工作压力大，或者生活上的其他原因，出现职业倦怠的情况。这种情况主要是指员工在接触某项工作一定时间后，对工作的态度从充满激情变得消极倦怠。对管理者来说，这是亟待解决的问题。因为严重的职业倦怠会造成严重的负面影响，导致团队绩效下降。

　　为了解决这个问题，大多数管理者采用的是加薪或者发放一些福利来激励员工。但实践表明，奖金的激励效果并不理想。其实，对新生代员工来说，与加薪相比，他们更希望得到的是管理者及时的认可和尊重，也就是说他们更倾向于情感上的需求。

多关注员工的闪光点

　　例如：某员工虽然绩效一直不高，但是能力水平和绩效成绩一直在不

断提升，并且该员工踏实肯干。这时管理者也应该及时鼓励员工、支持员工，让员工愿意继续努力达成绩效目标。

给予员工更多关心

在工作和生活中给予员工更多的关心，不仅能让员工感觉到自己存在的重要性，还能体现管理者对员工的尊重。例如：认真聆听员工的意见，或者在节日或员工生日时发一条祝福的短信等。

以积极反馈为主

例如：当员工完成一项任务，管理者需要做的不是立马指出错误和不足，而是应该先对员工的劳动成果予以肯定，如"真棒""辛苦了"等话语。即便员工工作中存在问题，也应该在肯定之后，以委婉的语言表达出

带着尊重激励员工

来，如"这次表现很好，如果改进一下，会更出色"，这样员工才会愿意接受并且努力做出更好的改变。

围绕问题开展正确训诫

传统训诫以惩罚为主，容易导致员工对管理者产生敌意。正确的训诫方式应该以解决问题为主要目的，以合作的方式和员工沟通，找到合理的、员工认同的处罚措施。例如："对于你总是迟到的问题，你认为应该如何处罚？"

帮助员工提高绩效的实战技巧 06

> 为了提升团队的绩效，章小万每天忙得焦头烂额，把能够提升绩效的方法都用了一遍。但是一段时间下来，章小万发现不但自己忙得筋疲力尽，员工也被搞得没有了任何工作热情。章小万不禁陷入迷茫和焦虑之中，究竟怎样才能让这些方法奏效呢？

很多管理者为了帮助员工提高工作绩效，尝试了很多技巧，建立了很多激励机制，但最后仍然发现效果并不理想。其实，在大多数情况下，员工绩效之所以无法提高，很大的原因在于管理者制定的技巧存在问题。很多管理者在制定技巧时只是看了几本书、参加了几场培训，便将别人的技巧生搬硬套到团队中。显然，这些浮于表面的技巧并没有提供具体而落地的行动方案，必然导致管理者在实施管理的过程中出现种种问题。

为了改变这种情况，管理者需要从本质出发，挖掘影响员工绩效的根本原因。然后在此基础上因地制宜，针对具体原因采用合适的实战技巧，对症下药，最终实现员工高绩效的目标。一般来说，影响员工绩效的因素大概有 3 个。

个人：包括员工的性格、能力以及员工在生活方面存在的问题。这些问题可能对员工的工作态度造成影响，使员工的绩效无法得到提升。

工作：表现为工作任务与员工的个人目标不符合或者工作岗位与员工的个人能力不匹配，员工无法发挥全部的潜力，绩效自然无法提高。

团队：表现在团队成员之间的凝聚力、信任感、忠诚度等方面，这些问题会直接影响员工与团队的适应性和融合度。如果团队管理不好，那么员工的绩效自然会受到影响。

将员工放到合适的工作岗位上

很多管理者在为员工分配岗位时，习惯根据自身公司的岗位需要分配员工，最终导致很多员工因为被分配到不合适的岗位而影响工作表现。因此，管理者需要明确岗位要求，然后再根据员工的优势、性格安排岗位，做到人岗匹配。例如：外向的人比较适合销售工作，而内向的人比较适合

行政工作。

创造积极高效的工作环境

很多团队绩效不高的原因是工作氛围比较消极。团队成员之间并没有太多的联系与合作，彼此之间没有深入的沟通，员工工作时经常觉得自己在孤军奋战，因此失去了工作热情。为此，管理者需要为员工创造积极、高效的工作环境。例如：将工作任务游戏化，员工有了高效表现即可获得一枚"高效"勋章。

关爱员工家庭，营造"家"的氛围

稳定、幸福的家庭，是员工全身心投入工作的保障。因此，管理者除了对员工本身多关爱，还要多关注其家庭情况。在其家庭遇到困难时，尽可能地伸出援手，即使帮不上什么忙，也要告诉员工："我站在你的身后，

> 影响员工绩效的三大因素：个人、工作和团队。

支持你。"此外，在员工结婚、生子、乔迁之际送上特别的祝福，也会给员工带来莫大的鼓舞。

关心员工健康

工作压力的不断增加，也使许多员工的身体亮起了红灯，进而影响工作效率。因此，想帮助员工提高绩效，就一定要关心员工的健康。除了平常的嘘寒问暖之外，管理者还可以从办公环境、饮食、休假等方面给予员工关心。例如：给员工提供站立式办公桌以减轻久坐对身体的伤害，或者给员工提供一些有益健康的水果来补充体力等。

第6章

考核反馈：
推动绩效改进和提升

考核反馈是绩效管理的最后一个环节，也是最关键的一个环节。员工能否有效改进和提升绩效，取决于考核反馈的实施效果。

01 没有考核与反馈，就没有绩效提升

> 实施新的绩效管理制度之后，虽然设计了完善的绩效指标，但章小万觉得按照那个执行绩效考核，既麻烦又浪费时间，不如直接根据结果进行奖惩。几个月过去之后，章小万发现，绩效差的员工越来越差，而绩效好的员工也开始走下坡路。

绩效考核与反馈是绩效管理中最重要的一个环节。然而在实际的管理工作中，很多管理者往往容易忽视这个环节。他们认为，员工只要按照计划执行即可，至于结果怎样全凭员工的个人能力。如果表现好就奖励，表现不好就批评，那么管理者最终会发现：那些绩效不好的员工在工作中的表现只会越来越差，甚至之前表现优秀的员工，绩效也开始下降。

没有考核和反馈，员工很难发现自己在哪些方面有优势、哪些地方需要努力改进，这无疑会导致绩效管理工作的失败。因此，管理者要更加注重绩效管理过程中的考核和反馈环节。

考核：有效激发员工的积极性、主动性和创造力

图表考核法：管理者可以统计、整理绩效监督过程中记录的数据，并

以表格的形式呈现出来。然后根据整理的数据，结合员工平时的行为表现，对员工进行综合的考核和评估，以此为依据发放绩效奖励。

交替排序法：通过首尾之间的对比进行考核。例如：一个团队一共 10 个人，将他们按照绩效成绩的高低进行排序，然后将 1 号和 10 号进行对比，2 号和 9 号进行对比，依此类推。这种方法是一种比较简单的绝对性考核。

配对比较法：所谓配对比较法，就是通过两两对比进行排序。例如：一共有 4 个人 A、B、C、D，将 A 和 B 进行对比，根据绩效高低分出优胜者；同样将 C 和 D 进行比较，最后将两组中的胜利者和失败者再进行一次对比，分出 4 个人的最终排名。

关键事件法：通过员工做出的关键性事件，对员工进行考核评估。所谓关键性事件，一般是指员工做得特别好或者特别不好的事件。例如：某位员工在一项工作上想到了不错的执行方法，最终使团队的效率大幅提高，这就是关键性事件。

进行有效的考核与反馈

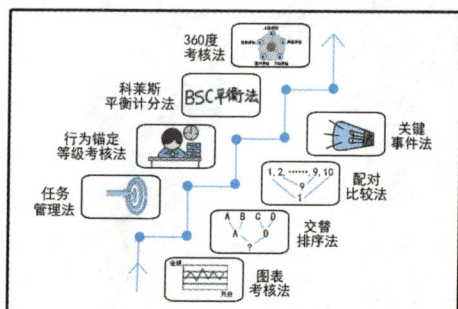

绩效考核方法

绩效反馈方法

任务管理法：将员工完成任务的多少作为考核依据，在相同时间内，任务完成得越快、越多，得到的报酬就越多。

行为锚定等级考核法：对员工在工作期间的行为进行考察并做出评估，最终作为考核的依据。

科莱斯平衡计分法：围绕企业战略总目标，从过程、结果、学习和创新等多个方面进行全面的考核，确定员工在每个方面达到的绩效指标。

360 度考核法：即将原本上司考核下级的方法进行交叉。例如：上级

没有考核和反馈，员工很难发现自己在哪些方面有优势、哪些地方需要努力改进。

考核下级、同事之间相互考核以及自己对自己进行考核等。通常情况下，这种考核方法是最全面、最有效的。

反馈：帮助员工看到自身的优势与不足

直接反馈法：在进行绩效考核后，管理者要找一个合适的时间与员工进行面谈。一方面提出员工的缺点和不足，然后针对这些问题向员工提出建议，纠正员工的方向；另一方面管理者需要肯定员工的优势，认真聆听员工的想法和意见，通过商议，与员工制定统一的行动方案。

间接反馈法：间接反馈法注重通过委婉的方式引导员工改正行为。例如：管理者可以通过邮件、即时通信工具等将需要反馈的信息告诉员工。这种方法简单、方便、省时，但是它也存在一定的缺陷：无法实现管理者与员工的有效沟通，导致双方在很多问题上无法达成共识。

02 如何设计绩效考核体系

　　章小万将自己为团队设计的考核体系拿给周总审核。周总看过之后对章小万说："绩效考核的最终目的是实现绩效的提升。但是，你设计的绩效考核体系缺少了对考核结果的应用。如此一来，绩效考核的意义就不存在了。"

　　在过去传统的绩效考核中，大多数管理者认为绩效考核无非是对员工的绩效进行评价，然后给予奖励或惩罚。正是因为管理者对绩效考核的这种认识，导致考核在团队管理中失去了原本的意义。其实绩效考核不只是评价，它还是一个系统的过程。所谓绩效考核体系，是指由一组既独立又相互联系，并能够较完整地表达评价要求的考核指标组成的评价系统。

　　绩效考核体系的建立，是对员工进行考核的基础，能够保证考核的准确性和合理性，并且能够有效避免造成员工的不公平感。因此，如何设计科学、完善的绩效考核体系，成为很多团队管理者关注的焦点。

构建分层分类的考核模式

对不同的岗位、职位，要构建分层分类的考核模式，分别进行考核，以确保公平。例如：某员工是服务岗位的一名职工，管理者在对企业进行绩效考核时，就应该结合该员工在服务岗位工作的实际情况、服务质量、服务范围以及服务态度等多方面进行考核。分层分类的考核模式，有助于建立各有侧重、各有特色的考核内容与指标体系，从而避免绩效考核存在权责不清、无法量化评估的问题。

针对职能部门，量化绩效考核指标

针对职能部门进行考核指标量化，是如今管理者必须面对和解决的问题，因为只有量化指标，才能更准确地实行绩效考核。例如：管理者可以针对服务部门进行以下几个方面的考核，包括员工在工作方面的工作效率、工作的时间节点以及对工作管理的数据采集、履职情况、任务的完成情况（包括临时性任务的完成情况）等。这些信息都需要管理者收集数据，然后根据收集到的数据信息进行量化分析。

设计有效的绩效考核体系

确保公平

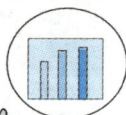
量化数据

有效反馈

结果应用

建立有效的反馈机制

绩效反馈环节是必不可少的，否则绩效考核就失去了存在的意义。因此，在绩效考核系统中，必须建立反馈机制，这是建立和完善绩效考核体系的有效途径之一，并且能够促进团队工作绩效的有效提升。例如：管理者可以采用绩效面谈或召集团队成员举行座谈会的形式，与员工进行深入的工作交流，对绩效考核做出改进和完善，进而提升团队的工作业绩。

有效应用绩效考核的结果

对团队而言，绩效考核的作用不仅在于对员工一年中的工作态度、工作业绩、工作能力等进行科学、客观、公正的评估，还在于如何有效应用绩效考核的结果，使之能够为提升员工能力和绩效服务。例如：管理者可以以任职和能力为绩效考核的导向，在企业内部开展评先树优、职位晋升、团队竞赛等活动，真正激励员工为企业创造更大的价值。

确定并培训考核者　03

　　其他团队邀请章小万作为考核者参与到他们的绩效考核过程中。章小万因为不了解情况，在考核时只是匆忙看了两眼数据资料，就凭借自己的主观意识对员工进行考核和评价，导致考核结果让大多数员工感到不满意。

　　制定并完善了考核系统，并不意味着绩效考核就一定会取得成功。因为，在绩效考核环节，绩效考核体系是一个重要的辅助工具，能够推动绩效考核工作的进行。但是，在该环节中，更重要的一个问题是由谁来考核。在确定了考核体系后，管理者需要明确考核者。

　　一般来说，绩效考核者包括团队高层管理者、员工的直接上级、HR、同事代表等。要想进行有效、客观的考核，对考核者的能力、素质有严格的要求。考核者要具备一定的洞察力和分辨力，能够通过考核系统和员工在工作中的行为表现对员工进行客观的考核。因此，确定考核者之后，管理者还需要对考核者进行相关培训，进一步完善绩效管理工作。

不经培训上任的考核者缺乏考核的专业性

熟练掌握绩效考核流程与标准

考核者要想对员工做出客观、准确的评价和考核，必须熟练掌握绩效考核的流程与标准。因此，为了加强考核者对绩效考核流程与标准的熟悉程度，管理者需要对考核者进行培训。

线上培训。管理者可以将考核流程和标准用线上共享文档的方式分享给考核者。考核者需要自主学习，遇到任何问题可以在线与其他考核者或者管理者讨论，促进自己更深入地学习。

培训会议。管理者可以将考核标准和流程做成 PPT，然后召开培训会议，让考核者互相讨论，互相督促学习，加深对流程和标准的印象，并在后期的实际工作中不断加强学习，以达到烂熟于心的程度。

熟练掌握绩效考核的评估与分析方法

如何做出有效评估，还需要考核者熟练掌握绩效考核的评估与分析方法。为此，考核者需要做好以下工作。

绩效考核者应具备的能力

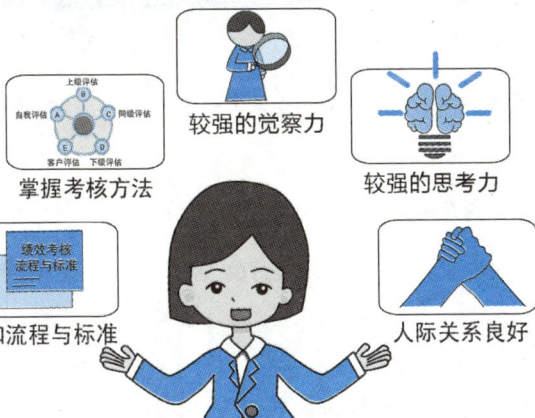

不断学习钻研。管理者可以学习绩效考核体系中提出的评估和分析方法，并不断发掘新的、更适用于新生代员工的评估与分析方法。

在实践中深入研究。有些评估和分析方法看似很精准，但是运用到实际的绩效考核中未必能达到想要的效果。因此，考核者不仅要掌握这些方法，还需要不断实践，探索更好的方法。

具有较强的觉察力和逻辑思维能力

在绩效考核的过程中，最关键的就是要从中发现员工存在的问题，并分析问题，进而解决问题。因此，这就需要考核者具备较强的觉察力和逻辑思维能力。

多观察、留意。培养觉察力的最好办法无疑是多观察、留意身边的事情，以便自己能够对被考核者做出更全面的评价。

考核者只有具备强大的洞察力和分辨力，才有可能实现客观考核。

独立思考。考核者要具备独立思考的能力，能够觉察事物的变化并发现问题。

具备良好的人际关系

考核者需要与被考核者建立良好的人际关系。如果两者因为存在误解而导致关系不和谐，即便考核再公正，被考核者也会认为考核不公平。为此，考核者需要做到以下几点。

多与员工互动。在平时的工作中，考核者需要多与员工互动，要关心员工，进而与员工建立友好关系。

保持适当的距离。考核者需要注意的是切忌和某些员工走得太近，否则一方面可能会给其他员工造成不公平的感觉，认为有人在拉拢考核者；另一方面，距离太近也会让考核者难以做出理性的评判。

考核周期如何设计 04

> 　　章小万决定进行一次绩效考核。她让员工将自己关于工作绩效的数据全部递交上来。但是等了一天，也没见到一个数据。她有些恼火，追问是怎么回事。
>
> 　　小睿说："指标都还没有完成，甚至有的指标还没有数据，怎么递交？"

　　在实际的管理过程中，很多管理者对于绩效考核并没有设立一个特定的考核周期，甚至有的管理者会根据自己的心情设定考核周期。不少管理者发现，这样设定的考核周期并不能有效反映员工的工作绩效，因此无法帮助员工解决问题、提升绩效。

　　绩效考核周期也称为绩效考核期限，即在多长时间内对员工进行绩效考核。由于绩效具有动态性和多因性，因此在不同的时间段里，员工的绩效会不同。此外，绩效考核需要耗费一定的人力、物力，如果考核周期过短，会增加企业的管理成本；但如果考核周期过长，又降低了绩效考核的准确性，不利于推动绩效改进和提升。

累计设计法

累计设计法是指通过业绩周期进行不断的累计，在一个月度或者一个季度的时候进行考核。这种方法在平时的绩效管理中比较常见，常用于一些比较频繁、变动较大的工作。

例如：销售一般会采取累计设计法，因为每个员工的绩效会有很大的不同，如有的员工一个月能完成 20000 元的业绩，而有的员工一个月只能完成 5000 元的业绩。这种情况在很多销售工作中是常见的，如果采取月度考核，员工之间的差异会越来越大，不仅会影响员工的积极性，还难以及时反馈问题，难以推动员工绩效的改进。

设计绩效考核周期

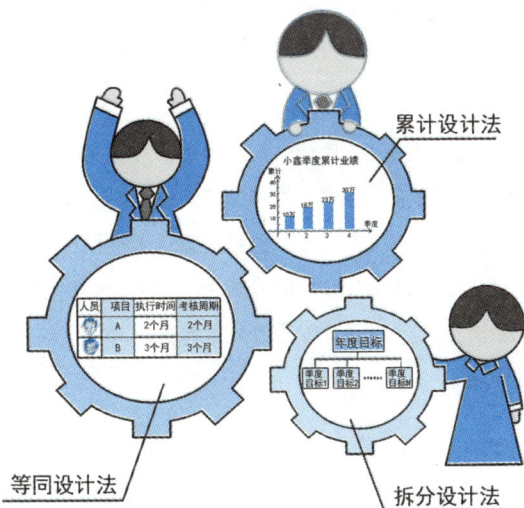

累计设计法

等同设计法

拆分设计法

等同设计法

等同设计法是基于业绩周期制定的，即将考核周期与员工完成业绩的周期等同。

例如：公司需要对 3 个同时入职的新员工进行考核，但是这 3 个人的工作任务截止时间都不一样，如果等到最后一名员工完成工作任务后再考核，既增加了考核成本，也降低了考核效率。因此，针对这种情况，管理者可以采取等同设计法。如当第一名员工完成任务后，按照考核流程和标准对其进行考核，以此类推。这种方法适用于工作项目时间长、变动小的工作。

绩效考核周期必须根据任务的特性和员工的能力进行设计。

拆分设计法

拆分设计法，即对绩效总目标进行细分，然后在每个细分节点对员工进行考核。例如：管理者制定了一年 60 万元业绩的绩效目标，如果按照时间进行细分，那么每个月为 5 万元业绩，管理者可以按照一个月的周期对员工进行考核。当然，细分目标的方式有很多种，如根据员工的能力细分等，但不同的方式节点不同。管理者只需掌握细分目标的节点，就可以规定绩效考核周期。

绩效考核的实施步骤 **05**

章小万设定的绩效考核步骤是把需要考核的目标告诉员工，然后对员工的最终绩效进行考核。到了最终考核时，她才发现存在很多问题，例如：考核的标准是什么？以什么方式进行考核？这些问题都导致考核无法顺利进行。

很多团队的管理者虽然确定了考核者和考核周期，但不知道如何实施绩效考核才能更好地让员工接受并有效地激励员工，因此常常导致绩效考核体系无法运用到实际的管理工作中，员工也无法从考核中更好地认识自己、改进绩效。因此，如何有效地实施绩效管理，成为目前管理者亟待解决的问题。

从本质上看，绩效考核一方面是对员工工作的总结，另一方面是为了激励员工更加努力地工作。因此，在该过程中，管理者既要合理、公正地评估员工在工作中的行为表现，让员工能够改变行为、提升绩效，又要通过合理的奖惩制度，让绩效考核起到一定的激励作用。所以，绩效考核的实施，不是盲目地将绩效考核理念和绩效考核系统强制灌输给员工，而是

应该按照一定的步骤实施，这样才能有效地改进员工的工作绩效。

确定绩效考核目标

绩效考核是提升绩效的手段，提升绩效才是绩效管理的最终目的。因此，在实施绩效考核之前，首先应该明确目的，根据团队成员的具体情况和团队的发展情况制定相应的绩效目标。

讨论目标。允许团队成员就绩效目标发表意见，提出不同的看法，然后管理者和员工就实际情况进行讨论，并确立目标。

统一目标并公示。当大家的意见达成一致、目标统一时，要将目标公示出来。例如：以文件的形式张贴在公告栏，让团队成员时刻谨记目标、激励自己。

绩效考核的实施步骤

建立流程
3

制定方案
2

确定目标
1

制定绩效考核方案

要想实现绩效考核目标，就需要制定完善、具体的绩效考核方案。一般情况下，绩效考核方案需要包含以下内容。

考核的基本原则。在绩效考核中，管理者需要让员工知道，每位员工必须严格遵守绩效考核原则，如绩效考核人人平等的原则。

考核形式。以何种形式考核是员工关心的问题。因此，在绩效考核实施之前，管理者需要让员工知道会以何种方式考核。

考核内容。考核具体包含哪些内容？如工作岗位基本知识、相关技能等。

考核数据来源。在考核中，为了能够给予员工更客观、公正的绩效评价，管理者需要在平时收集并记录员工的工作与表现数据。因此，考核数据的来源也是绩效方案中必须明确的内容。

盲目地将绩效考核理念和绩效考核系统强制灌输给员工，反而不利于绩效考核的实施。

建立考核流程

考核流程越简单越好，这样既能节省时间，又能节省成本。通常情况下，考核流程分为以下几个步骤。

各部门提供考核数据。各部门的管理者将收集到的员工数据整理好，提供给考核者。

考核者对数据进行汇总和检查。拿到考核数据后，考核者需要对数据进行汇总和检查，以防数据遗漏，导致考核无效。

提出初步的考核意见。考核者对数据进行分析后，可以提出初步的考核意见；如有员工对此评价存在很大的异议，可以提出。

确定考核结果。如果没有问题，确定此次考核的结果。

反馈结果。确定结果后，考核者要将团队每个成员的考核信息以文件和数据的形式呈现出来，并将这些信息反馈给员工。

如何提供有效的绩效反馈 06

完善绩效考核的步骤后，章小万顺利完成了对团队的绩效考核。然后，章小万和团队成员逐一沟通，进行绩效反馈。对于绩效表现较好的成员，章小万大加赞赏；对于绩效表现较差的成员，章小万也进行了批评。

绩效反馈，是指管理者将绩效考核结果反馈给员工的一项绩效管理流程。对于员工而言，通过绩效反馈能够清楚地认识自己在工作中的表现，以便以后更好地改进绩效；对于管理者而言，可以通过绩效反馈进一步了解员工，能够有针对性地给员工提供帮助。所以，在绩效考核中，绩效反馈也是非常重要的一个环节，不容忽视。

在实际工作中，虽然很多管理者已经意识到绩效反馈的重要性，但是他们的反馈还是停留在简单的批评或者直接的奖励上。例如：某员工在上级绩效考核中的成绩不是很理想，管理者在进行绩效反馈的时候，只是简单地对员工说："你这次的表现不是很理想，希望你能积极改进，期待你下次更好的表现。"从这句话来看，管理者的确反馈了员工成绩不理想的信息，但是员工如何改进，存在哪些问题，员工是不知道的，这种反馈显然是无效的。

无效的绩效反馈让员工更加迷茫

有效的绩效反馈给员工提供方向

做好绩效反馈的准备工作

确定反馈的时间和形式。在反馈之前，管理者需要根据实际情况确定具体的反馈时间和形式。通常情况下，需要及时反馈，即不能在考核结束很长时间后才给予反馈。在确定反馈时间后，管理者要将确定的时间告知员工。如果员工在确定的时间有重要的事情处理，那么可以适当延迟。除了确定时间外，管理者还需要确定反馈的形式，如线上反馈或面谈反馈。一般情况下，管理者都会尽量采取员工最能接受的形式。

准备反馈的相关资料。在拿到考核结果后，管理者要准备相关资料和反馈内容，即通过此次反馈，让员工明确知道自己存在什么问题、有哪些

有效的绩效反馈

做好绩效反馈的准备

进行有效的绩效沟通

优势、未来该如何改进等。管理者需要将这些内容详细、具体地列入资料，为后面的反馈做充分的准备。

绩效沟通要简单、有效

说明反馈的目的和作用。例如：管理者首先要明确地告知员工，这次反馈的主要目的和作用是什么。如果不予以说明，员工很可能将绩效反馈看作一次工作批评。

针对绩效考核结果进行沟通。例如：管理者首先要向员工说明绩效评价的标准，然后依次说明员工的绩效考核结果以及绩效等级。管理者需要

> 绩效反馈不是简单的批评或奖励，而是具体的、有针对性的建议。

注意的是：在沟通的过程中，应该允许员工提出质疑和问题，并认真倾听员工的意见。

肯定员工的优点。管理者可以参考准备阶段所总结的资料，肯定员工的优点和取得的工作成果，使员工感受到公司的诚意，从而更愿意服从管理。

指出员工的不足。管理者还需要指出员工在工作中存在的不足之处，以便员工能清楚地知道自己绩效不佳的原因，从而更好地改进绩效。但是，管理者需要注意的是，不要轻易评论这些不足，而要以委婉的方式表达，以免让员工产生抵触情绪，使反馈结果适得其反。

制订改进计划。管理者可以帮助员工找出需要改进和完善的地方，引导员工制订改进计划以及采取相应的措施。

根据考核结果改进绩效 07

绩效反馈会之后，章小万通过邮件的方式把考核结果发送给团队的各个成员。她原本以为员工会根据结果自主地改进绩效，但从工作表现来看并非如此。

根据考核结果改进绩效，是将绩效考核结果运用到实际的绩效管理工作中。但是在实际工作中，管理者很容易忽视这一点。在实际的绩效考核中，很多管理者在得到绩效考核结果后，只是简单地将绩效结果反馈给员工，员工只能通过结果知道自己是否实现了绩效目标。这种考核结果并不能让员工深刻地认识自己的优势和劣势，很难让员工在接下来的工作中清楚地知道如何改进自己的绩效。

如果不能根据考核结果改进绩效，那么前面的所有绩效考核工作都是徒劳。因此，对管理者来说，不仅要制定目标、计划和方案，还要重视如何将绩效考核结果更好地运用到实际工作中，让员工了解自己的优势、明确自己的不足，从而有效改进绩效。

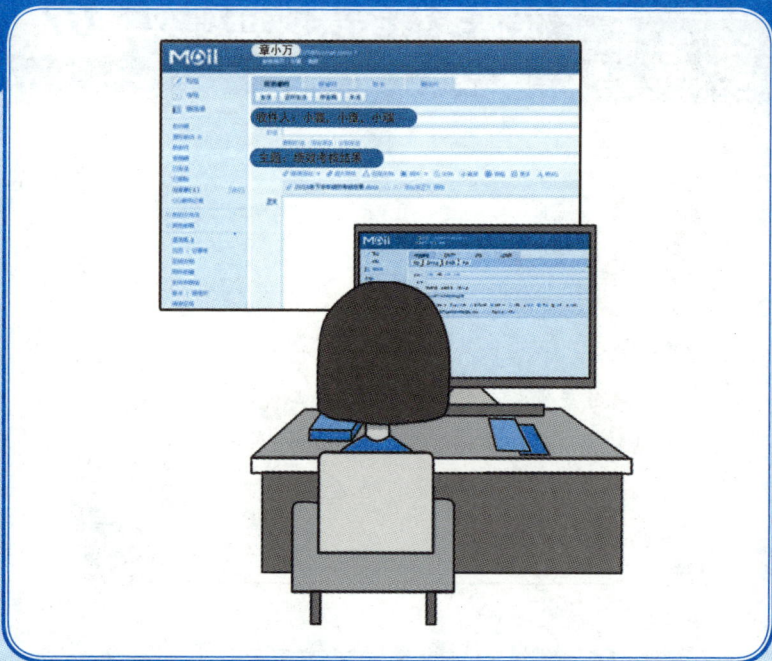

根据考核结果，分析员工绩效

目标比较法：将员工实际完成的绩效与最初制定的绩效目标进行对比，找出差距。例如：按照绩效计划，员工在当月应该完成 2 万元的绩效，但实际上只完成了一半。

水平比较法：即管理者通过将员工这次考核的绩效成绩与上次的绩效成绩进行比较，得出结论，并分析存在差距的原因。

横向对比法：即员工与员工进行对比。例如：甲乙两名员工，员工甲完成的绩效目标是员工乙的两倍，管理者要分析产生绩效差距的原因。

根据考核结果改进绩效

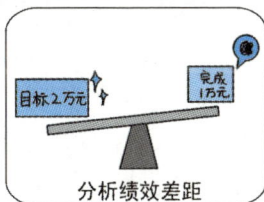

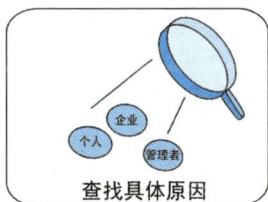

分析绩效差距　　查找具体原因

制定改进方案

根据绩效差距，查找具体原因

员工个人原因：包括员工的性格特点、工作态度以及个人能力。例如：某员工在工作中态度懒散，且不愿服从管理。

企业原因：包括企业的组织、文化以及职位。例如：企业对技能岗位每个月进行一次理论培训和实践培训，对其他岗位很少进行培训。

管理者原因：管理者的绩效计划与员工的计划相悖，或者管理者的绩效管理工作得不到员工的认可。例如：管理者制定的绩效目标是团队每月完成 10 万元销售额，但是以团队的能力而言，最多能每月完成 6 万元销售额。

根据原因制定改进方案

预防与制止：所谓预防，就是提前给员工打预防针，即告诉他哪些方

简单地将绩效结果反馈给员工，并不能让员工深刻地认识自己的优势和劣势，很难推动员工有效地改进绩效。

面做得不好，应该如何改进。这样，在下一次的工作中，员工就会下意识地改正这个问题。所谓的制止是指管理者对员工进行绩效跟踪，当员工在某些方面重复上一次的错误时，管理者及时出面制止，立刻纠正员工的行为。

正面激励与负面惩罚：指对员工做得好的地方进行奖励，对员工做得不好的地方进行惩罚。简而言之，就是通过惩罚警告，使员工不再犯同样的错误；通过奖励使员工继续完善和提高，从而达到改进绩效的目的。

激励优秀，淡化排名和强制分布 08

制定好绩效改进方案之后，为了激励大家，章小万组织了一场会议。在会上，章小万说："以后每次绩效考核排名最后一名的员工，请自动请辞。"说着，章小万还看了小旭一眼。小旭感觉领导好像就是针对自己说的，会后就写了辞职信。

　　绩效考核作为管理者的"秘密武器"，是为了帮助员工改进和提升绩效，激励优秀员工。但是很多管理者在实际工作中面对的问题是，很多员工不但没有被激励，反而因为绩效考核对工作失去了积极性。

　　很多管理者喜欢采用排名和强制分布法，通过强化排名提高员工的竞争意识，从而提升整个团队的绩效水平。从某种程度上说，这种绩效考核方法有一定的激励作用。但是这种方式无疑会打击那些绩效表现不太理想的员工的自信心和积极性。此外，这种只看绩效成绩的排名方法明显存在问题，因为单一的绩效考核太片面，无法全面展现员工的才能。因此，为了激励更多优秀的员工，管理者应该淡化排名，避免强制分布。

奖励业绩优秀的员工

业绩指标直接体现员工对团队的贡献，是绩效考核体系中最重要的一个部分。对业绩优秀的员工要进行物质激励，包括发放奖金、津贴等，而奖赏是否公平合理将直接影响员工的工作积极性。所以，奖励业绩优秀的员工，一定要建立在真实、有效的数据的基础上，强调公平。

奖励能力优秀的员工

在团队里有这样一些员工，他们有着很强的理解能力，不需要管理者反复说明就能理解管理者的意图，并将这种理解贯彻到工作中去；同时，他们在工作中善于合作，并在和谐的环境里表达自己；在工作中遇到困难时，他们能够根据实际情况及时应对，充分发挥自身优势。这样的员工属于团队的佼佼者。对他们，管理者最好通过授权进行奖励，给他们更多的

根据绩效结果做好员工激励

自主权、更大的舞台，让他们能够有机会展现自身的价值。

奖励态度优秀的员工

在团队里，有这样一些优秀的员工，他们的团队合作意识强，在工作中能够和同事、领导相互配合；他们能积极完成领导安排的各项工作，不计较个人得失，工作热情高，能够把公司的发展作为个人奋斗的目标，勇于向目标和困难进发。对这类优秀的员工，管理者要给予信任奖励。管理者每个期待的眼神、信任的话语，都能帮助他们树立自信心，使其最大限度地发挥创造力，从而提升绩效水平。

奖励精神优秀的员工

团队里有这样一些员工，可能他们在工作上的表现不是最出色的，但

强制分布法虽然可以提高员工的竞争意识，但也会打击那些绩效表现不太理想的员工的自信心和积极性。

是他们乐观真诚、勤奋努力。当团队遇到困难而一时士气消沉时，他们的乐观精神感染着团队，帮助团队获得了高绩效。管理者不可忽视团队里这些具有良好工作精神的员工，对他们要采取情感奖励的方式，如公开肯定其价值、表示感谢或发放奖章等，让他们感觉受到重视与尊重，从而加强对团队的归属感。

第7章

人才发展：
建立团队发展的"人才池"

绩效管理的目的是创造高绩效，而这个目标需要人来完成，所以绩效管理需要重视人才的发展。

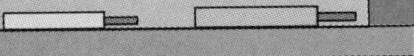

01 人才盘点：聚焦关键人才需求，建立"人才池"

在一次私下的沟通交流中，章小万对周总说，总感觉团队成员的能力有所欠缺，想要帮他们提高能力却又不知道具体该怎么做。周总听了后，问章小万："你对团队里的所有成员都能做到客观了解吗？你的团队到底需要什么样的人才？"章小万一时语塞，不知该如何回答，她对这些问题都没有十分明确的答案。

在科技快速发展的新时代，企业与企业之间的竞争已经逐渐演变成人才与人才的竞争。因此，对任何团队和企业来说，人才的发展无疑是团队发展中最重要的事情。而要促进团队发展，就要做好关键的第一步——人才盘点，因为这个环节直接决定了人才的去留和发展。

在实际的管理工作中，很多管理者对人才盘点这个环节的重视程度并不够。在他们看来，只要把人才招进来并让其把岗位的工作做好就行，至于他们自己怎么想，拥有哪些能力和知识，对未来有什么憧憬和发展目标，管理者一无所知。就像章小万一样，只知道员工的表现不好，但是不知道自己的员工哪些能力欠缺、哪些能力是突出的、该如何提升等。这些都是因

为没有做好人才盘点工作而导致的后果。

新生代员工需要管理者能够明确告知他们团队需要什么样的人才、他们还欠缺哪些能力，否则他们很快就会在工作中迷失方向，最终会因为表现平平、落差太大而选择离开团队。为此，管理者需要进行人才盘点，聚焦团队关键人才需求，提高团队每个成员的核心能力，使之与团队的发展速度相匹配。

确定团队的人才需求

分析团队的性质。团队的工作性质直接决定其需要什么样的人才。例如：销售团队需要的核心人才一定具备较强的沟通能力、谈判能力；而物流团队需要的核心人才一定要身体强健、吃苦耐劳。

确定团队的发展目标。如果团队在未来一年内主要的发展目标是稳定，那么就不会有大量的人才招聘需求；而如果团队在未来一年要快速扩大，

管理者要进行人才盘点

就必须在人才招聘上多下功夫。

细化人才需求。根据团队的性质、目标等因素，细化团队的人才需求，包括能力要求、素质要求、学历要求、经验要求以及数量要求等。

对关键人才展开测评

这一步是对团队关键人才进行相应的能力和潜力测评，最好能将员工的绩效与之结合起来，因为绩效指标最能直观反映一个人的能力。

设定评价标准。在进行测评之前，管理者需要事先设定测评标准。如果没有标准，评判就会过于主观，有失公平。

综合测评。员工的潜力尤为重要，因为能力只是代表他的现在，而潜力决定了他的未来。因此，管理者要综合测评员工，既要测评员工的工作

> 对任何团队和企业来说，人才的发展无疑是团队发展中最重要的事情。

能力，又要测评员工的潜力。

召开人才盘点会议

人才盘点会议最常见的是圆桌会议，参加会议的一般包括盘点人、主持人、观摩人以及参与者。一般情况下，要求从企业的 CEO 到企业团队的管理者都参与进来。会议时间一般选在年中，既避开了年末会议的繁忙时期，又能够让各位管理者对团队成员半年来的表现有大致的了解，能够使盘点更好地进行。

主持人：主持人一般是 HR。如果 HR 直接进行人才盘点，会引起很多人的不满，认为 HR 不了解情况。团队管理者也会因为护短而反对 HR 进行盘点。所以，让 HR 做主持人就是两全其美的事情。

观摩者：观摩者一般是企业的 CEO。通过观摩，CEO 对员工会有全面的了解，另外也能认识到员工在处理事情方面的协调能力。

盘点者：盘点者就是团队的管理者。他们需要对自己团队的人才进行全方面评价测试的汇报，使企业的管理者能够重视潜力大的人才。

参与者：参与者一般是兄弟部门的人员，他们一方面能够进行面对面的反馈，另一方面也能够加强双方的了解，促进友好关系。

根据会议拟订计划

圆桌会议结束后，管理者要根据会议讨论出的结果，拟订人才盘点之后的行动计划，即将人才盘点的结果转化为可以实施操作的计划。例如：团队接下来如何发展，根据发展规划哪些人应当得到晋升，哪些人应当进

> 人才盘点的目的在于聚焦团队关键人才需求，提高团队每个成员的核心能力，使之与团队的发展需求相匹配。

行岗位调动等。

推进并完善计划

对计划的实施进行跟踪，是保证人才盘点能够真正落实的最好方法。通过跟踪可以确定人才盘点计划是否做到了每步都落到实处，可以实时了解人才盘点的效果到底如何，并为下一次人才盘点收集相关资料。除此之外，跟踪计划的实施也能够促使计划的推进和完善。

人才测评：帮助员工做到自我认知 及发展评估 `02`

章小万向小维诉苦："最近好累，每天帮员工分析到底哪里能力不足，他们却不领情。"小维却对她说："你全凭自己的主观臆断进行分析，大家当然难以接受。要想让绩效实现质的飞跃，你就要让员工做到自我认知和发展评估。因为人只有提升自我认知之后才能解决根本问题。"

在团队中，管理者经常遇到的问题是很多员工明明很有潜力，但是在工作中表现平平。究其原因，是大多数员工对自己并没有清晰的认知。在工作中，他们只会尝试做自己认为能够做的事情，从来不会挑战难度更大的工作——很多员工的潜能因为自身的认知问题而难以被激发。因此，对新生代员工而言，要想激励他们创造绩效，管理者需要对他们进行详细的、客观的测评，帮助他们做到自我认知及发展评估。

具体来说，对人才进行测评的益处有以下几点。

更加全面地了解员工的能力。大多数情况下，面试官通过面试招聘人才时，很有可能会受到多种因素的影响，如晕轮效应、异性吸引效应等，

而无法全面评估人才的能力，导致招聘选拔的人才未必就是符合企业发展需要的优秀人才。因此，管理者要先进行人才测评，在对人才的能力有一个全面的了解之后，再确定人才是否符合企业发展的需求。

提高员工的自我认知。通过人才测评，员工可以清楚地认识到自己在哪些方面有优势，哪些方面存在不足。这样，在今后的工作中，他们会有意识地扬长避短，从而不断突破自己，创造更高的绩效。

帮助员工建立职业规划。很多人因为对自身认知不够，对未来的职业发展缺少非常清晰的规划。而通过测评结果，员工可以清楚地知道自己的优势和不足，从而对自己的发展有一个大致的评估和规划，进而明确自己未来的发展方向。

纸笔考试法

纸笔考试法是人才测评最简单和最直接的方法。员工通过相关知识技

如何做好人才测评

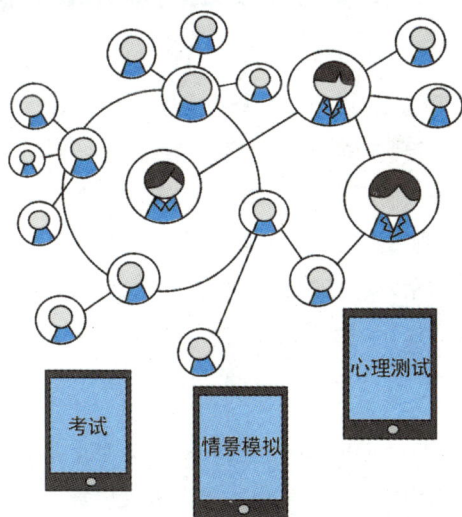

能的测试，能够认识到自己具备的优势和不足，而且管理者还可以对他们提供有针对性的帮助。除此之外，员工可以根据自己的优势，对自己未来的发展做出评估，如表达能力好、擅长沟通的人，可以选择销售岗位。管理者需要注意的是，纸笔考试法虽然简便，但是也有很大的弊端：首先，考试的内容有限；其次，考试可能会存在没有标准答案的情况。所以，这种方式只适用于那些局限性大且灵活性较强的岗位，如理财经理、人事专员等。

情景模拟法

例如：当某个员工结束了一项任务，管理者可以让员工扮演管理者，

人的很多行为是受心理动机支配的。

自己扮演员工，将员工在工作中的行为通过情景模拟进行再现。这时候，员工自然会发现自己的问题。然后，管理者可以通过提问的形式，引导员工思考应该如何解决问题，如"现在你是管理者，员工犯了这样的错误你会怎么处理"。这种方法虽然比纸笔考试法更有效且局限性较小，但是会耗费大量的时间和精力，尤其是对大型企业和团队而言。所以，这种情景模拟的游戏比较适合中小型团队。

心理测试法

人的很多行为是受心理动机支配的。因此，管理者要想让员工更好地认知自我，更深入地对员工进行测评，就应该懂得员工的心理，采取心理测试法。例如：管理者可以收集心理学方面的测试题，通过测试题测试员工的性格。通过测试，一般能够大致知道员工属于内向型或外向型，以便对员工的测评有一个大致的方向；如果是性格比较沉闷、不喜欢说话的人，可能不是很适合销售和售后工作。这种方法操作起来简单，适合对所有员工进行测评。但需要注意的是，这种心理测验仅供测评参考，具体还需要根据员工的能力和素质进行综合测评。

人才识别：识别每个员工的短板和潜力 **03**

　　章小万安排小睿做一份公司新产品的介绍方案，小睿只用了 3 天就做好了。虽然提前完成了任务，但是小睿特别沮丧。小旭见状问她："提前完成了任务，不是应该开心吗？"小睿苦笑着说："开心什么呀，写方案对我来说是不难，但是领导让我自己带着方案去和客户谈，我真是一点信心都没有。"

　　团队是一个集体组织，组织里的每个人因为不同的性格、年龄、受教育程度、家庭背景等，有着不同的能力。因此，对团队的管理者而言，要想让团队发展壮大、创造高绩效，就需要对团队的每个员工进行识别，了解其短板和潜力，使人才发挥出最大的效用。

　　很多管理者认为，员工能做好一件事情，也能做好其他事情。但是实际工作并非如此，因为人无完人。管理者如果这样做，只会让员工产生厌烦情绪，如小睿虽然在自己擅长的事情上有成就感，但是这种成就感很快就会被无法胜任的工作所带来的挫败感消磨掉。因此，对管理者而言，要注重人才识别，挖掘员工潜能，并帮助员工极力弥补不足之处。

观察了解法

观察了解主要是指通过员工在日常工作中的表现识别员工的行为方式，判断员工的优势和短板。因为这种方法的成本较低，所以是一种最常见的识别人才的方法。弊端是需要投入大量的时间、精力才能获得足够的数据与信息进行判断。因此，这种方法不适用于新入职的员工。

情景模拟法

情景模拟的识别方式是给员工设置一个或多个情景下的任务，然后让员工完成这些任务。例如：设置一个与客户洽谈合同的场景，让员工进行模拟。这样，管理者可以根据员工完成这些任务的方式、任务完成的结果以及员工在完成任务时的行为表现，识别员工的短板和潜力。这种方法虽然可以在短时间内快速对员工做出识别，但是需要大量的专业知识和充分的准备，所以适用于亟须对人才进行识别的情况。

管理者应该这样识别人才

观察了解法

情景模拟法

非工作状态识别法

非工作状态识别法

一般员工在常规状态下，总会将自己最好的一面展现出来，并会极力隐藏自己的弱点，这样必然会对管理者的识别造成一定的困难。为了更全面地识别人才，管理者可以在非工作状态下对人才进行识别。例如：组织聚餐或团建活动，通过员工的行为表现对其性格特点、人际交往等方面的情况进行识别。再如，通过留意员工身边的朋友，或者员工平时的兴趣爱好、阅读的书籍等对员工的性格、工作状态等进行识别。不过这种方法会涉及员工的隐私问题，因此要把握好度，过度会引起员工的反感。

04 人才选拔：内部人才的招聘选拔技巧

　　小维在工作上一直表现得不错，但是除了工资涨了，始终也没有得到晋升。上个月，她递交了晋升申请，但是领导迟迟没有答复。下班的路上，小维向小旭抱怨道："业绩再好有什么用，领导不说话，也没有晋升的机会。干着真没劲！"小旭说："是啊，感觉公司的晋升制度一点都不公平。"

　　对新生代员工而言，薪资已经不是影响他们工作的第一要素。与薪资相比，他们更希望通过自己的努力，一步步走向自己想要的未来。而团队内部的人才选拔，是他们实现自己、成就自己的便捷方式。但是很多管理者认为员工最关心的是薪资，只要给他们高的报酬，员工职位的高低也没那么重要。这导致了员工最后因为无法实现自己的理想而失去积极性，甚至离职另谋高就。为了改变这种局面，管理者需要重视团队内部人才的选拔。

　　对团队发展而言，内部选拔的优点有以下几点。

　　时间成本低。从外部招聘选拔人才，首先不知道招聘来的人能力如何，

如果能力较差还要进行培训；其次，从外面招聘，入职者在就任后无论如何都需要一定的缓冲时间才能与他人相互了解。而内部招聘选拔首先避免了管理者不熟悉员工能力的问题，而且员工几乎不需要再进行培训，也没有相应的缓冲期，或缓冲期较短。

降低了招聘风险和成本。管理者可以通过内部选拔的方法实现对员工的激励，使员工在工作中更加努力，而且还降低了企业的招聘风险和成本。

管理者主动提拔

主动提拔是内部选拔人才的最常见、最简单的一种方式。但是在实际的管理过程中，很多管理者因为主动提拔而引来员工的不满。很多员工认为，管理者主动提拔的是自己喜欢的员工，与个人能力无关，认为这种选拔方式不公平，最终导致员工内部矛盾激化。因此，管理者在主动提拔的过程中应该注意以下问题。

内部人才的招聘选拔方法

主动提拔　　　　竞争选拔　　　　毛遂自荐

公开提拔标准。在提拔员工之前，管理者要将提拔的标准和相关信息公示出来，要确保团队的所有员工都知道这件事情，并使他们明确知道要达到什么样的标准才能被提拔。

综合评价，公开评价的依据。管理者要对员工平时的表现进行综合评价，并以具体的数据形式展现出来，避免员工误解、产生不公平感。

鼓励员工"毛遂自荐"

在传统的人才选拔中，员工似乎处于被动的状态，即便自己已经满足了晋升条件，但是没有勇气提出申请。而新生代员工不一样，他们的想法多，比较主动。因此，管理者要鼓励员工毛遂自荐，同时提供相应的平台和机会。例如：管理者可以规定，每半年或每一年每位员工都可以提出岗位晋升申请。当然，具体的时间需要根据岗位的性质确定。

团队内部的人才选拔，是员工实现自我价值、成就自己的便捷方式。

游戏化竞争选拔

根据业绩高低提拔员工已经无法吸引和激励新生代员工。管理者可以改革传统，创新选拔模式，采用游戏化竞争的方式选拔内部人才。例如：管理者可以将团队的职位按照高低分成不同的等级，并规定每级的分值。该游戏的分值可以是员工在平时工作任务中通过完成任务或协助团队等得到的相应分值，员工要想晋升，必须达到上一级的分值。管理者每个月对员工的分值进行核算，一旦有满足要求的，就发出晋升消息提醒。这种方式不仅能提高员工的积极性，还能激发员工的自主能力，让他们在玩游戏的过程中自发努力，实现职位晋升的理想。

05 人才储备：搭建人才梯队，储备高潜力人才

小维因为感觉晋升无望，提出辞职。章小万极力挽留，但是小维去意已决。让章小万头疼的是，一时半会儿也招不到人来顶替小维的位置，而且新招进来的员工至少要经过两三年的经验积累和培训，才能达到小维的水平。

对企业来说，如果某个层面出现断层，那么就像救济生命的泉水出现断流一样致命。尤其是在企业发展的高峰期，如果出现人才断层，那么企业很可能会停滞或后退，从而错过发展的最佳时期。因此，团队管理者一定要做好人才储备。在关键人才还在发挥作用时，就未雨绸缪，储备人才，并对储备的人才进行相应的知识和能力培训，以便在人才流失时可以及时补上。

人才梯队建设能够保证团队在发展时，人才如同泉水一样不会出现断流的情况，为团队的战略发展提供强有力的后盾。但是人才梯队的建设也并非那么容易，它需要长达几年甚至十几年的坚持。此外，储备人才若管理不当的话也会引发大的问题。例如：能力强而迟迟得不到晋升的人，

缺少人才储备，骨干人员离职会使团队陷入危机

很可能会辞职。所以，在搭建人才梯队时，管理者要掌握一定的技巧和方法。

识别基础岗位（储备人才）、关键岗位和管理岗位

在一个团队中，可以大致将岗位分成 3 类，分别是基础岗位、关键岗位和管理岗位。基础岗位很好理解，刚进入团队的新员工都属于基础岗位。在工作中，这些员工可以通过努力工作，增强自身的专业技能，学习相关知识，表现优秀的或达到关键岗位考核标准的人可以晋升到关键岗位层，最高的级别是管理岗位。因此，为了搭建完善的人才梯队，管理者要按照这种方式对团队进行分层，识别团队的每位员工，将他们分类到相应的岗位层上，确定他们的角色、职位和未来发展方向。

确定关键岗位层的人才

人才梯队主要针对关键岗位，因为关键岗位层的人才是企业的核心竞争

如何搭建人才梯队

跟踪反馈

确定关键岗位人才层

对团队进行分层

力。因此，管理者需要明确团队中的关键岗位。如何确定关键岗位？管理者需要对人才进行盘点和评估，综合考察员工的素质和能力，了解员工的发展目标与团队的战略目标是否一致，能否胜任自己岗位的工作并有能力挑战难度更大的工作。如果有，那么可以根据团队对岗位的要求将其确定为关键岗位层人才；如果没有，则要继续留在基础岗位层考察。

跟踪、反馈，完善梯队

在人才分层和确定关键岗位层之后，并不等于人才梯队的搭建工作结束了。因为很多时候由于员工自身的问题或团队发展遇到的问题，员工很可能需要从上一层调入下一层，也可能从下一层升到上一层。为此，在梯队搭建成功后，管理者还需要对整个工作进行跟踪和反馈，及时调整、不断完善梯队，做好人才储备的后续工作。

人才反馈：帮助员工制订发展的行动计划

06

> 小旭主动找章小万沟通："领导，我来这里也有3个月了，但是我不知道做现在的工作以后会有什么样的发展。最近我在工作中也遇到了很多问题。我觉得很迷茫，甚至怀疑自己是不是不适合这份工作。"

新生代员工是怀揣梦想的一代人，对美好的未来怀有无限的憧憬。但是，在实际的管理工作中，很多管理者反映，新生代员工只活在当下，一切以自己的心情为主，开心就认真工作，不开心就离职，对未来根本没有规划。其实，究其原因并非员工的态度问题，而是员工在实际的工作中没有得到有效的反馈，不清楚自己未来会有怎样的发展，进而觉得看不到未来，还不如趁早离开。

曾经有人对 40 多家企业的员工做过调查。员工之所以会在一个地方工作，主要有以下几点要素：

有明确的发展行动计划；

管理者对员工的奖励和肯定；

薪酬；

简单的肯定是无效的人才反馈

明确的职业规划才是有效的人才反馈

工作环境。

其中，"有明确的发展行动计划"在调查中被很多员工认为是影响其忠诚度的重要因素，原因在于以下几点：

明确的发展行动计划可以激发员工的积极性和创造性；

明确的发展行动计划有助于员工把握和控制工作；

明确的发展行动计划能够让员工明确自己的职业发展方向，在工作中实现自我价值。

明确职业发展目标

要帮助员工制订发展的行动计划，首先要让员工明确职业发展目标。例如：某个员工来到一家建筑企业任资料员，你想帮他对自己的发展制订行

帮助员工做好职业发展规划

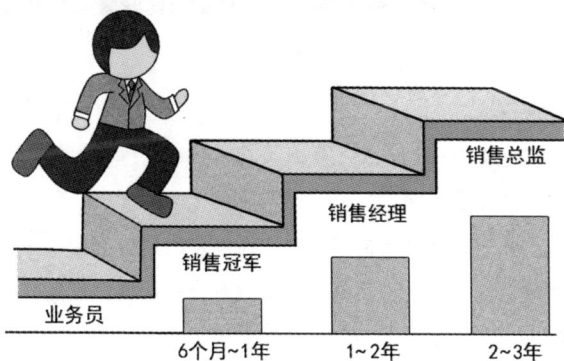

销售总监

销售经理

销售冠军

业务员

6个月~1年　　1~2年　　2~3年

动计划，首先就要告诉他资料员是一种怎样的职业，在这里做资料员以后可以向哪些方面发展。员工有了明确的发展目标，就等于有了一个方向。只有确定了方向，员工才能明确知道要往哪里走，并会在这个过程中不断改进自己，努力工作，实现目标。

"两位一体"做规划

很多管理者会以员工的考核成绩以及企业的发展规划作为基础，帮助员工制定职业发展规划。虽然这样可以保证员工在工作上实现高绩效，并且贴合企业的发展，但是对员工本人来说，这种发展属于被动的发展，管理者不像在帮助员工制定发展规划，更像是命令员工按照这个发展规划执行。这种方式显然会大大降低员工工作的积极性，甚至让员工反感。

因此，管理者在帮助员工制定职业发展规划的时候，要充分考虑员工自己的想法，然后再结合团队的实际发展情况，和员工一起商定一个更合适的发展规划。该规划一定要既能满足员工的需要，又能满足团队的发展

明确的发展行动计划已经成为影响新生代员工忠诚度的重要因素。

需求，即实现双赢。

关注员工能力。例如：员工擅长设计，那么管理者可以制定一个企业企划部门主管的发展计划。

关注员工意愿。管理者需要注意，在制定发展计划后，一定要和员工沟通，知道员工内心的真正想法。因为只有计划获得员工的认可，他才会努力完成。

做好行动计划

离开行动，再好的规划都只是一纸空文。因此，管理者在帮助员工制定职业发展规划之后，还要帮助员工做好行动计划，让员工知道如何做才能实现目标。例如：员工 3 年内的职业目标是成为销售总监，那么他首先要成为销售冠军，然后要成为销售部经理，最后才能冲刺销售总监。在这个过程中，他要具备优秀的销售能力、团队管理能力、市场管理能力等。这样一份行动计划就像在员工面前铺好了一条路，路上明确标出了各个路标以及可能出现的问题，员工只要按照这份计划立即行动即可。

人才赋能：专业培训和工作实践相结合

07

　　章小万组织了一次"如何提升团队竞争力"的自由讨论会。在讨论会上，小旭说："我们平时都是自己在工作中慢慢摸索，希望领导能给我们安排一些专业培训。"

　　人才赋能，顾名思义，就是对高潜力的人才进行培训，赋予其一定的技能和知识，使其在团队的工作中发挥巨大的作用，为团队创造更大的业绩。但是在实际工作中，管理者发现，即便花费大量的时间和精力为人才提供专业的培训，员工的能力也并没有太明显的提升。究其原因，很多管理者还是给员工教条式地灌输理论知识，而员工实际操作起来并不知道如何将理论运用到实践中，最后无疑会导致赋能失败。

　　在人才的赋能中，管理者需要注重的不仅是专业培训，还要明确地知道如何才能让员工更好地吸收培训中的知识，并将其运用到实际的工作中，为自身和团队创造更高的绩效。

强调培训笔记

要做到将专业培训中的理论与知识相结合，首先必须全面掌握培训中的知识，这就要求员工在培训的过程中认真做好培训笔记，全面吸收并掌握培训知识。建议采取"葱鲔火锅式"笔记法，具体是指将"知识"比作"鱼肉"，将"理解领悟"比作"葱段"，将两者像煮火锅一样进行融合，可以帮助员工更好地掌握、吸收培训知识。

用理论知识指导实践

游戏化场景模拟。在培训的过程中，管理者可以采取游戏化培训模式。如根据培训主题模拟场景，设定相关的工作任务和问题，让员工完成。这种方法不但会对员工产生强大的吸引力，还能引发员工主动思考，将所学的知识运用到工作中，加深印象。

运用到实际工作中。在培训结束后，管理者需要让员工在接下来的工作中合理运用理论知识，并记录自己运用在哪些任务中，是否帮助自己

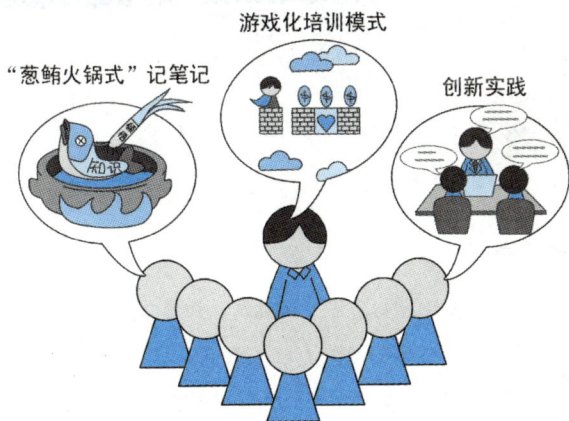

将专业培训与工作实践相结合

解决了工作中的难题等。

在实践中完善，创新理论

勤调研。理论必须经过实践的检验，才能确定其是否符合团队发展的需要。为此，在实践的过程中，管理者要对员工的工作情况勤调研，发现问题，并善于采纳员工针对该理论提出的新想法和建议，通过理性的思考，进一步完善、创新理论。

再实践。当新的理论产生后，还需要通过实践再次认识理论，检验理论的执行效果，不断探求理论的发展规律，让理论和实践更完美地结合。

08 人才出池：人才的晋升与淘汰

章小万最近招了一个新员工，该员工的专业能力很强，但是逻辑思维能力比较混乱。培训了一个月，他还是没有掌握工作流程，而且工作中出现问题时也不能随机应变。章小万不得不委婉地辞退了他。

人才池并不是一个只进不出的"死水池"，人才池不应该只设置选入标准，还应该设置出池标准。对团队而言，如果员工经过发展培养，始终不能满足该岗位的需求，或者员工到了一定的年龄等，那么就必须安排人才出池。

对很多管理者而言，人才的晋升和淘汰是人才管理工作中最难的工作。首先，在晋升方面，他们会优先考虑那些有资历的老员工，即便他们深知一些老员工的能力不如新员工强，但是老员工经验丰富且为企业做了很多贡献。而在淘汰方面，他们也只能采用简单的方式。这种晋升与淘汰的方法，无疑会让员工觉得在这里能力不重要，资历才是最重要的，无论多强的能力在这里都得不到体现，还不如离职另谋发展。

关于晋升

将德能与业绩相结合。为了培养更全面的人才，管理者在晋升环节应

该考察员工的综合能力。例如：除了业绩，管理者还要留意员工在工作中的其他行为表现，如是否和团队成员相处融洽，是否具备团队协作能力，待人接物是否友善等。

逐级晋升和越级晋升相结合。传统的晋升方式一般采用逐级晋升的方式。但是这种方式存在一个弊端，那就是员工很可能会在自己心中划定一个等级边界，一旦觉得自己达到了该级别的标准，就不愿意付出更多的努力。为了避免这种状态，晋升还可以采取越级晋升的方式，让员工打破自己的心理边界，追求无止境的进步。

公司考核晋升。即管理者对员工做出的成绩和工作中的行为表现进行评估，并以数据的形式给出相应的分值，然后综合判断员工是否可以得到晋升。

关于淘汰

严重违反公司纪律并造成影响。如果员工违反纪律并对企业造成恶劣影响还不被淘汰的话，那就等于管理者打破了纪律；在以后的工作中，其他员工也会效仿这种行为，纪律就成了空谈，无法约束任何人。因此，对严重违反纪律的人，一定要淘汰。

做好人才的晋升和淘汰工作

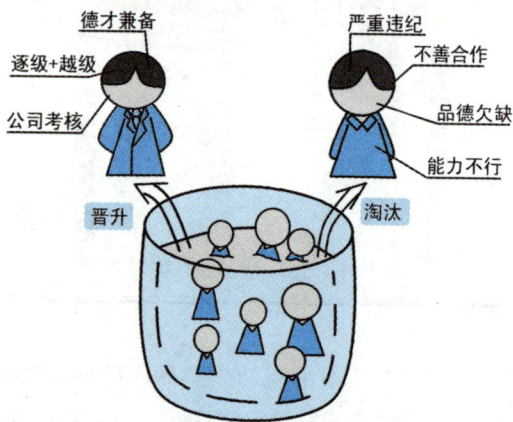

　　能力不行，无法继续胜任工作。很多企业碍于情面，不会淘汰老员工。但是，管理者不得不面对的情况是，很多老员工的能力已经跟不上企业发展的速度了，即便提供专业培训，其学习能力也是有限的。因此，为了企业的发展，管理者应该更加理性、客观地面对淘汰这件事。管理者不妨换个角度思考：对这些被淘汰的员工而言，或许他们能找到更适合自己发展的平台，展现自己独特的能力。

　　缺少团队合作精神。例如：有的员工比较固执，听不进任何人的建议。这种人一般很难融入团队，且团队协作能力不强。团队是一个集体，大家需要齐心协力才能走得更远。所以，这样的人即便能力再强，管理者也要"忍痛割爱"淘汰之。

　　品德欠缺的人。有的员工虽然能力很强，但品德很差。例如：为了达到目的不择手段，甚至不惜伤害同事。这种人是坚决不能留在团队的。

第 8 章

提升领导力：
高绩效领导力的自我修炼

管理者是团队的核心，其一言一行都会影响员工。所以，要想打造高绩效团队，管理者就必须做好自我修炼，提升自己的领导力。

01 胸怀宽广：容人之短，容人之异，容人之过

章小万近日发现小旭经常迟到，于是在开会时当众点名批评了他。事实上，小旭最近迟到是因为每天加班到很晚才回家。章小万不问青红皂白就在团队会议上公开批评，让小旭很伤心。

许多管理者无法更好地开拓事业的主要原因是人才难求。在他们看来，员工或多或少存在各种瑕疵和问题，因此难以找到一个能让自己觉得可用的人才。尤其新生代员工进入职场，管理者很容易对他们显现的一些"小个性"产生不满。如果管理者这时紧紧抓住这些小个性的"毛病"，就无法充分唤起员工的积极性。

章小万抓住小旭爱迟到的毛病，却忽视了背后的原因，直接当众批评，导致小旭深感委屈。可想而知，小旭的工作状态将大受影响。可以说，这样的批评得不偿失。如果管理者想和新生代员工在一个频率上，想让新生代员工发挥积极性和在工作上的创造性，就要扩大自己的胸襟，做个有格局的管理者。具体来说就是要做到容人之短、容人之异和容人之过。

欲抑先扬，以真诚的赞美作为开头

当员工犯错误时，管理者最常见的做法是将员工批评一顿，但是这种方式会打击员工的自尊心和自信心。为了更好地处理问题，管理者可以尝试"欲抑先扬"的方式。例如："你最近的业绩表现非常好，但是有些问题还是要注意一下。"

就事论事，尊重客观现实

胸怀宽广的管理者在批评的时候会就事论事，尊重客观现实。例如：对小旭迟到的问题，章小万应该先询问原因，而不是直接说"你上个星期也迟到了，每天来得最晚的就是你"。这种"翻旧账"的行为是典型的胸怀狭隘的表现。

管理者要宽容"问题员工"

选择合适的时间和场合

一些管理者发现员工犯了错，不分场合就对员工进行批评。很多时候甚至故意当着所有员工的面，批评犯错误的员工。管理者的想法是，当众批评员工，会让员工更加深刻地反思自己的错误，下次不敢再犯。但恰恰相反，这种方式会让员工的自尊心受到严重的伤害，员工甚至会认为管理者是在羞辱自己，会为了反抗管理者，故意不改正错误。因此，管理者在批评员工时，一定要注意时间、场合。例如：员工早上刚到公司就被批评极有可能影响他一天的工作状态，所以选择下午和员工沟通比较好。同时，尽可能采取私下一对一沟通的方式进行批评。

以身作则：言行一致，为员工树立榜样

02

> 周一早上例会，章小万规定的是 8 点半开始，但是到了 9 点章小万才出现。
>
> 小旭上次迟到被章小万当众批评一直觉得很委屈。这次看到章小万迟到，他更加有情绪了。他悄悄地和小睿说："你看，上次批评我迟到，这次她自己迟到了。领导就是领导，州官可以放火，百姓是不可能有机会点灯的。"

管理者是团队的"领头羊"，其一言一行都会对员工产生深刻的影响。很多员工在工作中会效仿管理者的行为。所以，很多时候管理者就像员工的一面镜子。有什么样的管理者，就有什么样的员工和团队文化。例如：微软公司前总裁比尔·盖茨（Bill Gates）的进取心就很强，喜欢冒险也喜欢竞争，因而富有冒险精神、勇于创新就成了微软公司团队文化的特点。在微软公司工作的每位员工都会受到这种气氛的感染，见贤思齐，企业越做越长久，员工绩效成绩始终保持出色的水平。

律人先律己。如果管理者自己都做不到，那么他对员工的约束与规矩

都将毫无信服力。因此，管理者要想让员工自发努力地工作，首先自己就要做到这一点，以身作则，给员工树立榜样。《论语》中说"其身正，不令而行；其身不正，虽令不从"正是这个道理。

严于律己，在纪律面前做好表率

一名优秀的管理者应该具备优秀的人格。如果管理者是一个公平公正、诚实守信的人，那么他的员工也会受到感染，秉持诚实守信的为人处世风格。同时，管理者要以具体行动为员工做出表率，时刻注意自己的言行举止。尤其是对管理者自己制定的一些纪律，要以实际行动做好表率。例如：管理者希望员工能按时上班，那么管理者可以每天提前几分钟到办公室。

身先士卒，获取员工的认同

想要在员工面前有影响力，让员工认同自己，管理者还必须提高自身的综合素质。例如：日本东芝电器公司董事长土光敏夫，就曾经为一笔业务员谈不成的业务亲自上门推销，以身作则。这种身先士卒的精神也为其

管理者要为员工树立榜样

严于律己　身先士卒

对目标忠诚

赢得了更多员工的尊敬。土光敏夫认为上司全力以赴的工作态度就是对下属最佳的教育，主张职工付出3倍努力，领导就要付出10倍努力。所以管理者要成为员工的榜样，需要具备真正征服员工的能力。

对目标忠诚，带领团队不断前进

管理者必须忠于自己的目标，这样才能不让团队陷入迷茫。大多数员工也会倾向于与全身心投入工作的管理者共事，这会使他们更有安全感和信赖感。如果连管理者都表现出对未来的不知所措，员工自然会陷入更深层的恐慌中。唯有管理者保持坚定不移的心态，才能使员工安心追随。

03 训练员工：开发和帮助员工自主实现目标

章小万最近发现小睿的工作状态不太好，交代给她的任务总是不能按时按质完成，而且时刻需要自己在后面监督。

管理者在团队中应该充当的是指挥官的角色，主要任务是训练下属，帮助员工自主实现目标。然而，在实际的管理工作中，很多管理者对自己的角色认知并不清晰，导致在工作中管理者要么直接建议员工按照自己的计划实现目标，要么放任不管让员工自己实现目标。然而无论哪种方式，最终都很难实现预期目标。

团队的管理者除了安排员工任务、监督员工完成任务外，还需要做的是训练自己的员工，开发员工的潜能，让他们能够通过自己的努力自主实现目标。

沟通辅导，纠正员工的方向

很多员工会因为在工作中遇到的各种问题或困难，忘记了自己的最初目标，偏离原本设定好的方向。因此，管理者作为团队的指挥官，应该和员工实时沟通，跟踪并辅导员工完成工作任务。

勤于监督不如训练员工自主达成目标

积极督促，激发员工的潜能

强调时限。例如："今天一定要把客户的全部信息整理好交给我。"以这种有明确的时间限制的方式布置任务。

强调得失。例如："我把这份工作交给你，是因为我坚信你有这个能力。如果完成，那么我会考虑你的晋升问题。"

监督鞭策。例如："5 点前可以把客户信息交给我吗？""你今天给客户打电话确认见面的时间、地点了吗？"

给员工树立榜样

给员工树立榜样，即在团队中树立一个高效的典范。这个典范可以是管理者自己，也可以是团队中表现优秀的员工。这样做的主要目的是让员工有一个"参照物"，能够认识到自身的不足，并激励员工自主学习典范，

管理者要帮助员工自主实现目标

沟通辅导

积极督促
（五点前可以把客户信息交给我吗？）

树立榜样
（高效奖）

适当放权
（我想自己拿下这个客户）（没问题。）

超越典范。例如：管理者可以在阶段性的目标评定中，评出表现最优者授予称号并发放奖励，或将员工分小组进行竞赛等，奖励优秀，树立典型。

适当放权

要想培养员工的自主能力，管理者就应该给员工"自由"。这里的"自由"并不是说管理者对员工放任不管，而是在一定的范围内适当放权。尤其是员工自己想要完成的任务，管理者一定要尽可能地给予支持。当然，为了确保任务完成、帮助员工树立自信，在"放手"的同时也要适当进行督导。

鼓励支持：给予支持，提供意见及资源 04

小旭最近提交了一个新的项目计划，为此连夜加班做了许多准备工作，但在上报审核时被章小万以"可行性不高"为由否决了。小旭为此感到十分沮丧，觉得不仅白费了一番功夫，还被不少人看了笑话。

在实际管理中，管理者的行为大体可以分为两种，一种是指挥性行为，另一种是支持性行为。一般情况下，指挥性行为的沟通方式是单向的，即管理者只需要将工作任务下达给员工，员工接受管理者指令完成任务即可。这种管理者一般只关注工作结果，不在乎员工的想法，也就是说团队的发展完全依赖管理者的个人能力和决策的正确性。

尽管指挥性行为有利于提高团队的技能和整体生产力，但无法充分发挥员工的自主创造性。如果团队想要获得可持续发展，就必须鼓励员工进行开拓创新。而拥有支持性行为的管理者，善于使用鼓励和认可的方式，让员工发挥自主性、工作积极性和潜能，以提升团队整体的实力。

直接否决会打击员工的积极性

善于提问题，拓展员工思维

开放式提问。即不限定答案。例如：管理者可以问"你认为这次阻碍你的原因是什么？"

探讨式。就某一个问题进行深入研究、讨论和探究，再举一反三。例如：管理者可以询问员工"我想听听你的意见，然后我们再一起探讨。"

反射式。针对同一问题寻求不同人不同意见的提问方式。例如：当管理者和员工无法达成一致意见时，管理者可以询问同事或其他成员对这件事的不同看法。

善于给建议，进行有效沟通

明确员工存在的问题。管理者在给员工建议的时候，一定要注意"信息对称"，以确保沟通有效。所以，管理者首先需要做的是鼓励员工发言，让员工能够心无芥蒂地表达自己的想法，同时认真倾听员工的想法。

给员工建议并提供支持

采取头脑风暴法。管理者在给员工建议时，也可以鼓励其他员工一起进行头脑风暴，集思广益，碰撞出更多的火花。这样不仅能想出更好的解决问题的方法，还能够增进双方的感情。

给出具体建议。管理者在了解员工的真实想法之后，需要和员工探讨，然后给出具体的建议。例如：画出树状图等帮助员工厘清思路。

及时提供支持，帮助员工克服障碍

精神支持。员工有一个比较可行的想法，但由于缺乏自信和勇气，迟

管理者的支持、认可和帮助，是员工挑战自我的最大动力。

迟不敢尝试。这时候管理者就需要给员工精神上的支持。例如：管理者可以说"相信你可以的，怕什么，失败了不是还有我吗，尽快放心尝试。"

物力、财力支持。物力和财力的协助，即管理者要在员工需要物质资源支持的时候，充分调动企业的物力、财力资源辅助员工完成工作。例如：员工的工作需要补充心理学相关知识，管理者要为员工购买相关书籍，或者员工欠缺某项能力，管理者需要安排相应的技能培训。

信息支持。信息对团队发展来说至关重要，它影响着公司的决策。因此，管理者需要实时给员工提供相关的内部信息和外部信息。例如：市场中实时更新的对工作有方向性指导的信息，这样做能够确保员工在工作中做出更准确的决策。

责任担当：为员工的失败承担责任

05

　　章小万安排小鑫负责谈一个大客户，她信任小鑫的能力，因此布置完任务后就完全放手，不再过问。在谈判过程中，小鑫遇到问题打电话给章小万，她还没听完就说："你做主就好了，我这儿忙着呢。"结果谈判失败。章小万非常生气："丢了这样一个大客户，对公司来说是一笔很大的损失，对此你要负全责！"

　　美国知名管理顾问史蒂文·布朗（Steven Brown）曾经说过："管理者如果想要发挥管理效能，必须勇于承担责任。"如果在管理工作中发生任何事情，管理者想到的是推卸责任，那么员工会对管理者失去信心。而且这种管理方式还有一个弊端，就是会让员工渐渐失去冒险的勇气。他们会将自己限定在舒适圈，尽量避免负任何责任。当一个团队的所有人都开始推卸责任时，可以肯定地说这个团队已经失败了。

　　松下电器的创始人松下幸之助曾经说过：作为一个经营者，一定要有担负绝对责任的心理准备。不管员工有 100 个人还是 200 个人，就算聘用了 1000 个人或 2000 个人，责任还是由他一个人负。自己既然站在了最高

推卸责任的管理者难以发挥管理作用

的位置上，一切就都是自己的责任了。所以领导力不仅表现在个人能力和技能上，还体现在一个人是否有敢于担当责任的勇气。

根据失败状况采取不同的承担方式

重要任务失败：第一时间站出来承担责任。很多员工在执行一项重要任务时，不是想到任务完成自己会取得什么样的成就，而是首先想到任务如此重要，如果失败了怎么办？会不会被管理者训斥和处罚，被同事嘲笑？这些恐惧失败的心理，会让他们对工作失去信心。当重要任务失败，管理者第一时间站出来承担责任时，可以有效消除员工的恐惧心理，增强员工对以后工作的信心。

失败造成的后果不严重：让员工认识到失败后，再站出来承担责任。如果员工工作失败造成的后果不严重，管理者不要第一时间站出来承担责任，一定要留给员工反思的时间，让员工认识到失败后，再站出来承担责任，否则会让员工觉得失败也没关系，反正有领导顶着。

为员工的失败承担责任

采取不同的承担方式

承担有限责任

承担有限责任，并提供帮助和支持

员工面临重大失败或遭遇小挫折时，管理者主动站出来为员工的失败承担责任是为了让员工能够认识到失败，减少以后在工作中的失误，从而提升团队的绩效。因此，在为员工的失败承担责任时，管理者一定要承担有限责任，而不是全部责任。要向员工传递一个重要信息：任务失败，你我都有责任，你我都要做好反思总结，避免再次失败。例如：在员工失败时，让员工写检讨或写一篇失败总结，然后和员工进行面对面的沟通，帮助员工分析失败的原因，并为员工提供支持帮助。只有这样，才能让失败成为一件有价值的事。

06 激励人心：表彰卓越，认可员工的贡献

> 　　小睿最近业绩突飞猛进，表现非常好，但是章小万并没有对此做出任何表示。因此，小睿向小鑫大吐苦水："真是心塞，我为案子加班熬夜快一个月了，总算取得了一些成绩，领导却连一句肯定的话都没有。"

　　领导活动是否成功，主要取决于管理者能否充分激发员工的积极性、挖掘员工的内在潜力。而要想充分发挥员工的工作主动性，就必须学会如何对员工进行激励。哈佛大学的詹姆斯教授曾经就人的可激励问题进行了专项研究。研究表明，缺乏有效激励的员工只能发挥 20% ~ 30% 的能力，而受到充分激励的员工至少可以发挥 80% 的能力。因此，激励员工也是提升领导力的重要手段之一。

　　但在一些团队中，管理者并不注重对员工的激励，导致员工再也不寄希望于管理者的激励政策，于是在工作中消极应对，最终绩效成绩平平。就像小睿虽然获得了高绩效，但是因为章小万没有及时进行肯定、奖赏，小睿心生怨念，在工作上也不再有动力。有高绩效领导力的管理者会高度

管理者及时的认可、奖励是对员工最大的激励

重视对绩效优秀员工的奖赏。具备高绩效领导力的管理者认为，只有对员工舍得付出，员工创造的价值才会更大，这两者是良性循环。

薪资与绩效挂钩

提倡"多劳多得，少劳少得，不劳不得"，将薪资与员工的绩效挂钩，让员工明确知道自己的收入和对团队的贡献是紧密联系的。如果员工想获得高报酬，就必须努力工作，为团队多做贡献，这种物质激励能充分激发员工的工作积极性。管理者在实行物质奖励时，要注意以下两点：

实行报酬激励时，要做到公开、公平、公正；

对表现优秀的员工进行激励

肯定员工的个人成就

让员工参与决策

薪资与绩效挂钩

业绩飞升奖

让工作成为一种激励

实行物质激励时，要注重时效性，要即时奖励，拖延奖励的时间越长，效果就越差。

肯定员工的个人成就

个人成就代表着自我价值的实现。自我实现需求，是马斯洛需求层次理论的最高层，也是人们最终的追求。如果员工取得了一些工作成绩，但被管理者忽视，没有得到及时的肯定和认可，员工会产生极大的挫败感。因此，无论员工平常表现如何，当他取得一些突出成绩时，管理者一定要及时肯定，最好是公开表扬并颁发相应的奖励，也可以鼓励员工分享经验，让其充分享受因自己努力工作带来的成就感。

缺乏有效激励的员工只能发挥 20% ～ 30% 的能力，而受到充分激励的员工至少可以发挥 80% 的能力。

让员工参与决策

绩效优秀的员工无论是在工作上还是在团队发展方面，都有自己的思考和见解，他们渴望参与团队决策，实现自我价值。因此，管理者要提供这样的机会和平台，同时鼓励员工敢于表达自己。这种参与感不仅能让员工体验到"主人翁"的感觉，还能够强化他们的责任感。

让工作成为一种激励

对表现卓越的员工来说，工作本身带来的乐趣和成就感就是最好的奖励。他们会从有挑战性的工作任务中看到自己的潜能，在完成任务时体验到强烈的满足感。因此，管理者可以把工作任务设计得更有趣、更富有挑战性，让工作本身成为一种激励。例如：将工作任务进行游戏化设计，每个小任务就是一个"怪兽"，完成之后不仅可以立即获得反馈、奖励，还能够得到一定的积分，最终实现"升级"。

第9章

绩效工具箱：
绩效落地实战工具

管理者运用绩效工具是为了让绩效管理更好地落实到管理工作中，为创造团队绩效推波助澜。

01 工具 1：关键绩效指标（KPI）

员工 KPI 考核表

被考核人		工号		考核日期	
所在团队		岗位		加入团队日期	
考核区间			年　月到　年　月		

考核标准及分数：

特别突出（6分）；优秀（5分）；良好（4分）；一般（3分）；差（2分）；较差（1分）；特别差（0分）

考核项目		考核得分						
		自我考核	团队领导考核	目标值	权重	完成情况	单项得分	备注
个人素质	1. 品德修养、个人仪容仪表				10%			
	2. 团队精神，团队合作意识				10%			
	3. 沟通理解力				8%			
	4. 责任心				10%			
	5. 主动发现问题并解决问题的态度和能力				10%			
	6. 学习、总结能力				10%			
	7. 应变能力				9%			

续表

考核项目	考核得分						备注
	自我考核	团队领导考核	目标值	权重	完成情况	单项得分	
个人素质 8. 创造性和潜能				10%			
9. 组织力和协调管理能力				10%			
10. 遵守法律法规以及团队管理制度				8%			
11. 职业道德				8%			
该项成绩合计				100%			
工作态度 1. 出勤状况				15%			
2. 对待工作的责任心				18%			
3. 对待工作的积极性				16%			
4. 能主动完成任务				20%			
5. 能寻找更快、更好的办法完成工作				9%			
6. 积极主动配合其他岗位的工作，能够协调好和团队成员的关系				12%			
7. 遵守工作规范				10%			
该项成绩合计				100%			

续表

考核项目		考核得分						
		自我考核	团队领导考核	目标值	权重	完成情况	单项得分	备注
专业知识	1. 专业业务知识				30%			
	2. 相关专业知识				15%			
	3. 外语知识				15%			
	4. 计算机应用知识				20%			
	5. 参加专业知识培训，不断学习专业知识和技能				20%			
	该项成绩合计				100%			
工作能力	1. 能保质保量地完成工作任务				16%			
	2. 能准确表达自己的想法，在工作中善于沟通交流				18%			
	3. 能正确理解上级安排的工作				14%			
	4. 对承担的工作能熟练掌握				12%			
	5. 考虑问题深入，对工作认真、细致				10%			

考核项目	考核得分						备注
	自我考核	团队领导考核	目标值	权重	完成情况	单项得分	
工作能力 6. 能够全面、系统地分析问题				10%			
7. 在承担工作上有发展潜力				20%			
该项成绩合计				100%			
成绩总计						—	—

团队领导评价

在该次KPI考核中，被考核者的哪些地方表现比较突出	
你认为被考核者的哪些地方存在不足之处，需要改进	

续表

领导评语	

考核者签名：　　　　　　　　被考核者签名：

团队 KPI 考核表

团队		团队负责人		考评日期	
KPI指标（%）					

序号	常规KPI指标（%）	指标类别	指标定义/积分规则	本月目标值	权重	本月完成情况		达成情况评价	备注
						实际完成值	实际完成比（%）		

续表

序号	改进KPI指标（%）	指标类别	指标定义/积分规则	本月目标值	权重	本月完成情况		达成情况评价	备注
						实际完成值	实际完成比（%）		

考评得分	合计	等级	团队负责人	考评团队
KPI完成：_____分		A: 优秀 B: 良好 C: 合格 D: 需要；改进 E: 不合格		
管理改进：_____分				
加减分项：_____分				

注：加减分项是指因为非职务因素的重要贡献和损害而产生的加减分

考核者签名：　　　　　　　　　　被考核者签名：

02 工具2：平衡计分卡（BSC）

序号	指标维度	考核指标	指标权重	计分规则	目标值	数据来源	完成情况	单项得分
1	财务维度							
2								
3								
4	客户维度							
5								
6	内部运营维度							
7								
8								
9								
10	学习与成长维度							

考核成绩：

考核者签名： 被考核者签名：

工具 3：绩效目标管理（MBO） 03

姓名		职务		执行时间		考核月份	

序号	目标	具体SMART行动计划（具体目标？可衡量？如何做？结果是什么？何时完成？）	评估标准	权重	标准	自评		复评
						完成	结果	完成
1	业绩目标			30%	20			
					20			
					20			
					20			
					20			
2	应收账及业务费用目标			20%	20			
					20			
					20			
					20			
					20			
3	销售技巧目标			25%	20			
					20			
					20			
					20			
					20			

续表

序号	目标	具体 SMART 行动计划（具体目标？可衡量？如何做？结果是什么？何时完成？）	评估标准	权重	标准	自评 完成	自评 结果	复评 完成
4	专业知识目标			15%	20			
					20			
					20			
					20			
					20			
5	学习成长目标			10%	20			
					20			
					20			
					20			
					20			
合计：				100%				

自评人签字：

复评人签字：

工具 4：关键绩效行动（KPA） 04

KPA 绩效评价表

可挑战事件	评价标准	分值	得分
日常事务	评价标准	分值	得分
不可接受事务	评价标准	分值	得分
合计			

05 工具 5：价值树（FAST）

价值树模型图——类别（如财务类、客户类）				
战略主题	关键绩效指标	关键驱动流程	关键流程绩效	可能涉及的部门

工具 6：工作流程分解法（PAST） 06

鱼骨图分析法

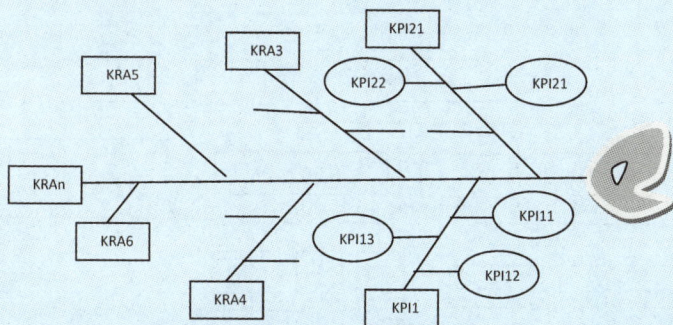

"流程—指标"分解法

绩效指标	指标目标	评价标准			
		数量	质量	时间	成本

07 工具 7：杜邦分析法（ROI）

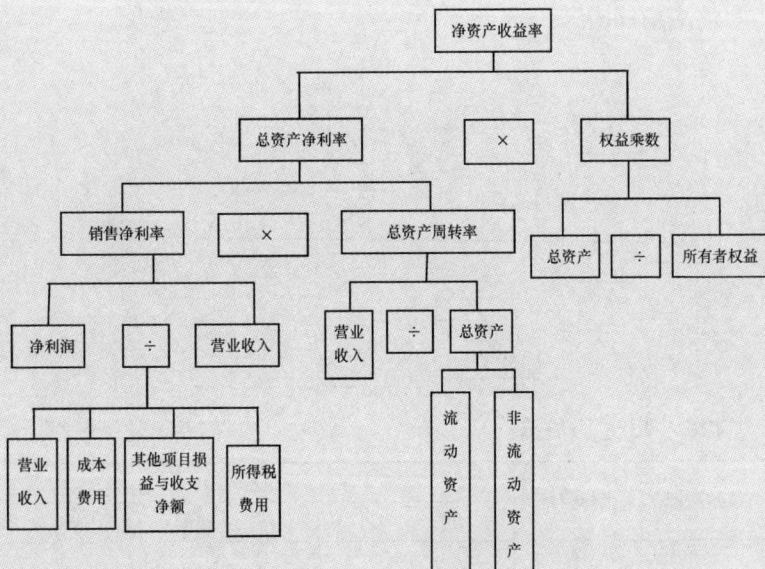

工具 8：360 度绩效考核法 08

填表时间：　年　月　日

| 被考核者： | 职务： | 所在团队： |

评价标准及分数

特别突出（6分）；优秀（5分）；良好（4分）；一般（3分）；差（2分）；较差
（1分）；特别差（0分）

评价项目		评价得分	权重	备注
基础分数	工作量考核	4%		
	集体意识	4%		
	服务规范	3%		
	业务考核	4%		
	对团队的忠诚度及归属感	2%		
工作态度	责任感	2%		
	纪律性	2%		
	团队协作精神	6%		
	积极性	2%		
	信用度	2%		
专业知识	专业业务知识	7%		
	相关专业知识	7%		
	办公软件知识	2%		
	获取新知识	2%		
	其他知识	1%		

续表

	评价项目	评价得分	权重	备注
工作能力	领导组织、管理能力	6%		
	培养下属的能力	6%		
	对外、对内协调沟通的能力	6%		
	发现、解决问题的能力	6%		
	语言、文字的表达能力	6%		
	应变能力	6%		
工作成果	工作目标达成率	3%		
	工作效率	3%		
	工作质量	3%		
	成本意识和成本控制	3%		
	工作创新能力	2%		
合计		100%		
你最欣赏他/她的哪些方面				
你认为他/她哪些方面存在不足，需要如何改进				
领导评语				

工具 9：工作分解表 09

工作分解表			
员工姓名		职位	
所在团队		日期	

具体工作内容：

所需原材料/资源：

所需设备/工具：

工作流程	要点	理由	理由重点归纳（可勾选）

10 工具 10：个人绩效承诺表（PBC）

个人绩效承诺表（PBC）

员工姓名		岗位	
所在团队		考评周期	

1. 业绩目标（占总考核权重的80%）：是你和你所在的团队在考评期间将开展的关
键性业绩指标及达到的成果概述，业绩目标必须是明确的

目标	指标定义	目标值及评分标准	权重	完成值/结果	自评	主管评价	数据来源

2. 个人发展目标（占总考核权重的20%）：设立个人发展目标，以提升个人能力

目标	指标定义	期望达到的程度/结果及评分标准	权重	实际达成结果	自评	主管评价	数据来源
合计得分							
最终考核等级	A. 杰出　B. 优秀　C. 良好　D. 需要改进　E. 需解聘						

11 工具 11：绩效目标跟踪表

姓名：　　　　所在团队：　　　　　职位：　　　　　　　指导人：

月份	绩效目标描述	目标完成情况及评分（指导人填写）	指导意见	奖惩情况	被考核人签字
1					
2					
3					
4					
5					
6					
7					
8					
9					
10					
11					
12					

备注：绩效目标满分为100分，考核标准有数量、质量以及时限的要求，并具有可行性

工具12：员工绩效考核表 12

考核期：　　年　　月至　　年　　月

被考核者姓名		所在团队		评价				
序号	KPI指标及考核标准（100%）		权重	A	B	C	D	E
1								
2								
3								
4								
5								
计划调整								
1								
2								

说明：

本表由团队管理者进行评价。

团队管理者签字：

年　　月　　日

13　工具 13：员工绩效改进计划表

姓名		职位	
所在团队		绩效得分	

1. 员工在下一考评周期需要改进/提高哪些方面	完成日期
	年　　月　　日

2. 考评责任人需要指导、帮助和提供相关资源	完成日期
	年　　月　　日

续表

3. 建议员工参加的培训课程	完成日期
	年　月　日

考评人签字：	被考评员工签字：
年　月　日	年　月　日

绩效改进结果／意见（由考评责任人在上述考评期结束时填写）：

考评人签字：	被考评员工签字：
年　月　日	年　月　日

14 工具 14：绩效考核面谈表

面谈人		职位		所在团队	
考核日期			年　月　日		
上次考核有哪些方面的成就和进步					
工作中存在的不足之处					
是否需要提供培训					
本人认为自己的工作在整个团队中处于什么位置					
本人认为团队中表现最优秀的是谁，表现比较差的是谁					
对本次考核是否有意见或建议					
需要领导提供什么样的帮助或资源					
下一步的工作和绩效改进方向					
面谈人签名：			面谈日期：		
备注：					

工具 15：人才九宫格 **15**

| | | 不合格 | 合格/中等 | 优 秀 |

（九宫格内容）

高
- 绩效不佳
  给予警告，提供有针对性的发展支持
- 中坚力量
  计划下一步的提拔，并提出特殊的发展指导
- 最佳者
  规划多重快速发展步骤，确保有足够的薪酬

中
- 表现尚可
  考虑发展
- 中坚力量
  进入下一个发展环节

低
- 失败者
  淘汰出局
- 表现尚可
  保留原位

能力和潜力（纵轴）

绩　效（横轴）